유영 사선

유영 사선

유영(柳永)
·
송용준 옮김

민음사

雨霖鈴

蟬淒切向長亭晚驟雨初歇都門帳飲
方留戀處蘭舟初催發執手相看淚眼
語凝咽念去去千里烟波暮靄沉沉楚
天濶　多情自古傷離別更那堪冷落清秋
節　今宵酒醒何處楊柳岸曉風殘月此去經
年應是良辰好景虛設便縱有千種風情更
與何人說

늦가을 매미 소리 처량히 울리고
길가의 정자에 날은 저무는데
내리던 소낙비도 어느새 멎었다.
성문 밖 천막에서 정신없이 술 마시고
이별이 아쉬워 머뭇거릴 때
물가의 배는 떠나기를 재촉한다.
　　　　　　　　　―「우림령」에서

차 례

풍악 소리는 황금물결 위로 울려 퍼지고

망해조 ——————————————— 14
파진악 ——————————————— 18
목란화만 —————————————— 22
옥루춘 ——————————————— 26

임 그리는 정 억누를 길 없으니

옥녀요선패 ————————————— 32
금당춘 ——————————————— 36
목란화령 —————————————— 40
투백화 ——————————————— 42
동선가 ——————————————— 46
서시 ———————————————— 50
영춘악 ——————————————— 54

사랑은 슬픈 추억과 아픔만을 남기고

우림령 ——————————————— 58
정풍파 ——————————————— 62
야반악 ——————————————— 66
낭도사만 —————————————— 72

目次

望海潮 —— 15
破陣樂 —— 19
木蘭花慢 —— 23
玉樓春 —— 27

玉女搖仙佩 —— 33
錦堂春 —— 37
木蘭花令 —— 41
鬥百花 —— 43
洞仙歌 —— 47
西施 —— 51
迎春樂 —— 55

雨霖鈴 —— 59
定風波 —— 63
夜半樂 —— 67
浪淘沙慢 —— 73

차례

옥호접 —— 78
새고 —— 82
설매향 —— 86
채련령 —— 90

고향을 바라보면 아득한데

팔성감주 —— 96
봉서오 —— 100
척씨 —— 102
경배 —— 108
과간헐근 —— 112
조말리 —— 116
소년유 —— 120

장원 급제의 희망은 물거품이 되고

안공자 —— 124
미신인 —— 128
학충전 —— 132
간화회 —— 136
소년유 —— 140

目次

玉蝴蝶 —— 79
塞孤 —— 83
雪梅香 —— 87
采蓮令 —— 91

八聲甘州 —— 97
鳳棲梧 —— 101
戚氏 —— 103
傾杯 —— 109
過澗歇近 —— 113
爪茉莉 —— 117
少年遊 —— 121

安公子 —— 125
迷神引 —— 129
鶴衝天 —— 133
看花回 —— 137
少年遊 —— 141

차 례

태평성대라 하거늘

쌍성자 ——————————————— 144
자해가 ——————————————— 148

작품 해설 —————————————— 154
작가 연보 —————————————— 167

目次

雙聲子 ———————————————— 145
煮海歌 ———————————————— 149

일러두기
1. 본문에 사용된 부호의 의미는 다음과 같다.
    『 』: 전집이나 총서 또는 단행본, 「 」: 개별 작품, " ": 대화 또는 인용, ' ': 강조 또는 인용문 속 인용
2. 인명과 지명, 관직명은 우리 한자음으로 표기하였다.
3. 작품마다 해설과 각주를 실어 작품의 이해를 도왔다.
4. 사(詞)의 원문은 본래 각 단락을 다섯 칸 정도 띄어 주나 분량이 많은 경우 부득이 쪽을 나누어 실었다.

풍악 소리는 황금물결 위로 울려 퍼지고

망해조

동남 지방의 명승이고
삼오 지역의 도회지인
전당은 옛날부터 번화하였다.
안개 서린 버들과 채색한 다리
화려한 문발과 푸른빛의 장막
총총히 늘어선 십만 호의 인가.
제방 따라 나무들 구름같이 이어졌고
성난 파도는 세차게 물보라 일으키니
천연의 참호 전당강은 끝없이 펼쳐 있다.
시장에는 진주 보석이 널려 있고
집집마다 화려한 비단옷이 넘쳐나니
그야말로 호사스러움을 다투는구나!

望海潮

東南形勝, 三吳都會, 錢塘自古繁華. 煙柳畫橋, 風簾翠幕, 參差十萬人家. 雲樹繞堤沙. 怒濤捲霜雪, 天塹無涯, 市列珠璣, 戶盈羅綺, 競豪奢.

- 形勝(형승) : 지리적 형세가 뛰어난 곳.
- 三吳(삼오) : 옛 도읍인 오흥(吳興), 오군(吳郡), 회계(會稽)를 통칭하는 말. 대략 지금의 강소성(江蘇省) 남부와 절강성(浙江省) 북부에 해당된다.
- 錢塘(전당) : 지금의 항주시(杭州市)로, 옛날에는 오군(吳郡)에 속하였다.
- 風簾(풍렴) : 바람을 막는 데 사용하는 발.
- 參差(참치) : 누각의 높이가 들쭉날쭉 가지런하지 않은 모양.
- 霜雪(상설) : 서리와 눈. 여기서는 하얀 물보라를 나타낸다.
- 天塹(천참) : 천연의 참호. 옛날에 양자강을 천연의 참호라고 일컬었는데, 여기서는 전당강(錢塘江)을 가리킨다.

두 호수와 늘어선 산봉우리 맑고 푸른데
늦가을의 계수나무 꽃 향기롭고
십 리에 걸쳐 연꽃 붉게 덮여 있다.
갠 하늘에 피리 소리 울려 퍼지고
마름 배 노랫소리 어둠 속에 은은하니
즐겁기만 한 낚시질 노인과 연 따는 아가씨.
화려한 깃발 뒤에 말 탄 시종들 따르고
취흥 돋우는 풍악 소리 들으며
산수를 감상하니 시가 절로 나온다.
내 훗날 이 경치를 종이에 그려
조정으로 돌아가 자랑하리라.

작가는 서술적 수법으로 11세기 항주의 번화한 모습과 그 주변에 있는 전당강, 서호(西湖)와 산의 아름다운 경치를 사실적으로 훌륭하게 묘사하였다. 이 작품 이전에 반랑(潘閬)이 단숨에 「주천자(酒泉子)」 10수로 "인간 세상이 아니라 천상이라네."라고 항주를 노래하여 소식의 칭찬을 받기는 했지만 이것만큼 세상에 알려지지는 않았다. 더구나 이 사는 급기야 금나라 왕 완안량(完顔亮)의 군침을 돋워 남침의 야욕을 일으켰을 만큼 항주의 번영하는 모습을 잘 그려 내었다.

重湖疊巘清嘉. 有三秋桂子, 十里荷花. 羌管弄晴, 菱歌泛夜,
嬉嬉釣叟蓮娃. 千騎擁高牙, 乘醉聽簫鼓, 吟賞煙霞. 異日圖將
好景, 歸去鳳池誇.

- 重湖(중호) : 유영이 이 사를 지을 당시 배경이 된 서호는 백제(白堤)를 경계로 외호(外湖)와 이호(裏湖)로 나뉘었기 때문에 '중호(重湖)'라고 하였다.
- 三秋(삼추) : 음력 7, 8, 9월을 함께 일컫거나 가을의 세 번째 달인 음력 9월을 가리킨다. 여기서는 후자. 즉 늦가을의 뜻으로 사용되었다.
- 桂子(계자) : 계수나무 꽃. '계화(桂花)'와 같다.
- 羌管(강관) : 피리. 전하는 바에 의하면 강족(羌族)이 제일 먼저 만들었다고 하여 피리를 종종 '강관(羌管)' 또는 '강적(羌笛)'이라고 칭한다.
- 蓮娃(연와) : 연을 따는 아가씨.
- 千騎(천기) : 태수가 외출할 때 수행원이 많음을 형용하는 말이다. '기(騎)'는 말과 그 위에 올라 탄 사람을 함께 일컫는 단어이다.
- 牙(아) : 아기(牙旗). 원래는 상아로 깃대를 장식한 군기(軍旗)를 뜻하는 말인데, 여기서는 고관이 외출할 때의 의장용 깃발을 가리킨다.
- 煙霞(연하) : 안개와 노을. 여기서는 산수풍경을 상징한다.
- 異日(이일) : 다른 날. 훗날.
- 圖將(도장) : 그리다. 여기서 '장(將)'은 동사 뒤에 붙어 그 어기(語氣)를 돕는 어조사이다.
- 鳳池(봉지) : 봉황지(鳳凰池)로. 중서성(中書省)에 대한 미칭(美稱)이다. 여기서는 조정(朝廷)을 가리킨다.

파진악

이슬 맺힌 꽃 물에 비치고
안개 낀 들판 파릇파릇한데
넓은 호수엔 물결 따뜻하다.
버들은 나무마다 바람에 하늘거리고
물가엔 채색한 용머리 배가 매여 있다.
천 걸음이나 되는 무지개다리
기둥이 기러기 대열처럼 늘어서
물 위의 궁전에 닿아 있다.
금빛 제방을 둘러싸고 수중 유희를 하니
비단 적삼의 아름다운 여인들이 모여들고
악기 소리가 하늘에 울려 퍼진다.
날은 개어 오색 빛 감돌고
멀리서 바라보니
맑은 수면에 뜬 봉래궁을 보는 듯하다.

破陣樂

露花倒影, 煙蕪蘸碧, 靈沼波暖. 金柳搖風樹樹, 繫彩舫龍舟遙岸. 千步虹橋, 參差雁齒, 直趨水殿. 繞金堤, 曼衍魚龍戱, 簇嬌春羅綺, 喧天絲管. 霽色榮光, 望中似睹, 蓬萊淸淺.

- 露花倒影(노화도영) : 이슬 맺힌 꽃이 물에 비치어 그 모습이 물속에 거꾸로 잠겨 있다.
- 煙蕪(연무) : 안개가 뒤덮은 들판.
- 靈沼(영소) : 원래는 주(周) 문왕(文王)이 별궁에 만든 연못을 가리키는데, 여기서는 신령이 만들어 놓은 듯이 넓고 아름다운 연못이라는 뜻으로 쓰였다.
- 千步虹橋(천보홍교) : 길이가 천 걸음이나 되는 무지개다리. 북송의 수도 변경(汴京)의 서정문(西鄭門) 북서쪽에 있었던 금명지(金明池)의 선교(仙橋)를 가리킨다.
- 參差雁齒(참치안치) : 기러기 대열처럼 길이가 서로 다르게 늘어서 있다. 여기서는 선교(仙橋)의 기둥이 기러기 대열처럼 도열해 있다는 말이다.
- 曼衍(만연) : '만연(曼延)'이라고도 하며, 너구리처럼 생긴 거대한 짐승이다. 후대에는 이것을 백희(百戱)의 일종으로 삼아 늘 '어룡(魚龍)'과 함께 공연했으므로 '어룡만연(魚龍曼衍)'이라고 합칭하였다.
- 簇嬌(족교) : 아름다운 여인들이 모여들다.
- 喧天絲管(훤천사관) : 현악기와 관악기 소리가 하늘에 울려 퍼지다.
- 榮光(영광) : 오색 빛. 옛 사람들은 이것을 상서로운 징조로 여겼다.
- 蓬萊(봉래) : 봉래산(蓬萊山). 전설 속 신산(神山)으로, 선경(仙境)을 가리킨다.

때마침 보니
황제께서 수레 타고 나오셔서
수계의 술을 드시려고
푸른 물을 굽어보며
크게 주연을 베푸신다.
배들은 짝지어 채색 노 저어 달리며
우승기를 다투는 모습이 노을처럼 찬란하다.
즐거움을 다하고
황제를 찬양하는 노래를 부르며
이리저리 배회한다.
따로 예쁘게 단장한 여인들이
각자 빛나는 구슬을 들고
다투어 푸른 깃을 주우며
멀리서 돌아온다.
점차 운해가 자욱해지며
호수 서편으로 해가 기운다.

　변경(汴京)에서 봄에 '용주(龍舟) 경기' 하는 것을 노래한 것이다. 황제에 대한 칭송이 두드러지고 태평의 기상에 대한 묘사가 세밀하여 '마치 눈앞에서 전개되고 있는 듯한' 현실감을 느끼게 한다.

時見, 鳳輦宸遊, 鷺鷀禊飮, 臨翠水、開鎬宴. 兩兩輕舠飛畫檝,
檝, 競奪錦標霞爛. 罄歡娛, 歌魚藻, 徘徊宛轉. 別有盈盈遊女,
各委明珠, 爭收翠羽, 相將歸遠. 漸覺雲海沉沉, 洞天日晚.

- 宸遊(신유) : 황제의 나들이. '신(宸)'은 제왕의 거처, 또는 제왕을
  지칭하기도 한다.
- 禊飮(계음) : 수계(修禊) 때의 술. '수계'는 음력 3월 상순의 사일(巳
  日)에 물가로 나가 놀이를 즐기면서 그해의 모든 불길한 것들을 쫓는
  고대 민속이다.
- 鎬宴(호연) : 호경(鎬京)에서의 연회. 주 무왕(武王)이 주공(周公)
  단(旦)과 함께 호경에서 잔치를 열고 술을 마신 것을 가리킨다. 『시
  경』의 「소아(小雅)」 중 「어조(魚藻)」편에 나오는, "왕은 어디에 계신
  가? 호경에 계시네. 매우 즐겁게 술을 마시고 계시네.(王在在鎬, 豈
  樂飮酒.)"라는 고사를 빌려 송(宋) 황제가 금명지에서 신하들에게 연
  회를 베푼 것을 이른다.
- 錦標(금표) : 우승기. 『동경몽화록(東京夢華錄)』 권7에 황제가 "임수
  전(臨水殿)에 행차하여 우승기 다투는 것을 관람하는" 정경이 기재되
  어 있다.
- 霞爛(하란) : 노을처럼 찬란하다.
- 魚藻(어조) : 『시경』 중 「소아」의 편명으로, 주왕(周王)의 안락한 생
  활을 찬미하는 송가(頌歌)이다. 여기서는 '황제를 찬양하는 노래'라
  는 뜻으로 쓰였다.
- 盈盈(영영) : 자태가 아름다운 모양.
- 洞天(동천) : 원래는 신선의 거처를 뜻하는 도가어(道家語)였는데, 후
  에는 종종 경치가 빼어난 곳을 가리키는 말로 사용되었다. 여기서는
  풍경이 아름다운 호수 서쪽을 가리킨다.

목란화만

오동나무 꽃 눈부시게 피었는데
갑자기 보슬비 내려
청명절의 시야를 신선하게 씻어낸다.
마침 고운 살구꽃은 숲을 태우는 듯 붉고
복사꽃은 들판을 수놓은 듯하여
아름다운 경치가 병풍처럼 사방을 둘렀다.
온 성 사람들이 모두
경치 좋은 곳을 찾아가니
멋진 준마가 푸른 수레를 끌며 교외로 나간다.
바람 따뜻한데 악기 소리 풍부하고 낭랑하니
수많은 집이 다투어 새 가곡을 연주한다.

木蘭花慢

拆桐花爛漫, 乍疏雨, 洗淸明. 正艶杏燒林, 緗桃繡野, 芳景如屛. 傾城, 盡尋勝去, 驟雕鞍紺幰出郊坰. 風暖繁弦脆管, 萬家競奏新聲.

- 淸明(청명) : 청명절(淸明節). 양력 4월 4, 5일 또는 6일로, 이때 답청(踏靑)과 소묘(掃墓)를 하는 습속이 있다.
- 艶杏燒林(염행소림) : 고운 살구꽃이 숲을 태우다. 살구꽃의 빛깔이 숲을 불태우는 듯이 붉다는 뜻이다.
- 傾城(경성) : 온 성 사람. '전성(全城)'과 같다.
- 紺幰(감헌) : 감색 수레 포장. 여기서는 수레라는 뜻으로 쓰였다.
- 郊坰(교경) : 교외의 들판.

아름다운 자태의 여인들
투초를 하고 거닐기도 하며
어여쁘게
잇달아 서로를 맞이하며 인사한다.
길가 여기저기에
비녀와 귀걸이 떨어져 있고
구슬과 비취 낭자하다.
즐거운 마음에
아름다운 경물을 대하며
마음껏 술잔을 비워 크게 취해야겠다.
내일 아침 긴긴 날
취한 이 몸 화당에 누워 있으리.

  변경의 시민들이 청명절을 맞이하여 교외로 나들이 나간 성황을 묘사한 것이다. 청명절은 중국 고대의 중요한 명절이어서 남녀 가릴 것 없이 모두 교외로 나가 봄볕을 즐긴다. 이 작품은 유영의 초기작으로, 여기서 "길가 여기저기에, 비녀와 귀걸이 떨어져 있고, 구슬과 비취 낭자하다."라는 표현은 『동경몽화록』에 기록된 변경의 성황과 견줄 만하다.

盈盈, 鬪草踏靑. 人艶冶, 遞逢迎. 向路傍往往, 遺簪墮珥, 珠翠縱橫. 歡情, 對佳麗地, 信金罍罄竭玉山傾. 拚却明朝永日, 畫堂一枕春酲.

· 鬪草(투초) : 화초를 채집하여 그 많고 적음을 가지고 우열을 가리는 놀이로, 주로 단오(端午) 때 한다. '투백초(鬪百草)'라고도 이른다.
· 踏靑(답청) : 청명절 전후에 교외로 나들이 가는 습속.
· 玉山傾(옥산경) : 술에 몹시 취하여 쓰러질 것 같은 모양. '옥산도(玉山倒)'와 같다. 『세설신어(世說新語)』의 「용지(容止)」편을 보면, "혜강(嵆康)의 사람됨은 그 걸출함이 외로운 소나무가 홀로 서 있는 것 같은데, 그가 취하면 쓰러지는 것이 마치 옥산이 무너지려는 것 같다.(嵆叔夜之爲人也, 巖巖若孤松之獨立; 其醉也, 傀俄若玉山之將崩.)"라는 구절이 있다.

옥루춘

조정에선 홀과 금장을 소중히 여기는데
지방관을 중임하고 측근의 신하들은 멀리하신다.
드높은 궁정에 노대신들 늘어서 있는데
아홉 살 황태자가 새로 계책을 올리신다.

玉樓春

星闈上笏金章貴, 重委外臺疏近侍. 百常天閣舊通班, 九歲國儲
新上計.

- 星闈(성위) : 황궁(皇宮). 조정을 가리키기도 한다.
- 上笏(상홀) : 홀(笏)을 으뜸으로 치다. '홀'은 대신(大臣)이 군주를 알현할 때 손에 들었던 좁고 긴 판으로, 옥이나 상아 또는 죽편(竹片)으로 만들었다. 여기서는 대신의 지위를 지칭한다.
- 金章(금장) : 금빛 관인(官印). 여기서는 고관(高官)을 가리킨다.
- 外臺(외대) : 후한(後漢) 때 주(州)와 군(郡)의 장(長)인 자사(刺史)를 일컫던 관명(官名). 여기서는 지방관을 지칭한다.
- 近侍(근시) : 황제 측근의 신하.
- 百常(백상) : 1600자. '상(常)'은 길이를 재는 단위로 16자에 해당한다. (1常=2尋, 1尋=8尺) 여기서는 까마득한 높이를 비유한다.
- 天閣(천각) : 궁정. 황궁.
- 通班(통반) : 높고 중요한 관직. 여기서는 대신을 지칭한다.
- 國儲(국저) : 황태자. 여기서는 인종(仁宗)을 가리킨다. 인종은 아홉 살 때(1018) 황태자로 책봉되었다.

황실의 곡창 날로 풍부해져 서울에서 최고이고
대궐에선 밤에도 자리를 앞으로 끌며 담론할 것을
생각하신다.
심복하며 기쁜 마음에 흠뻑 술을 마시니
천 잔을 가득 채우지 않으면 취하지 않으리.

1018년 진종이 조정(趙禎: 즉 나중의 인종)을 태자로 삼은 것을 송축하며 지은 것으로, 황제에 대한 칭송 및 태평의 기상에 대한 묘사가 충만해 있다. 「옥루춘」은 「목란화(木蘭花)」라고도 하는데, 상편(上片)과 하편 모두 7언 4구(句) 3측운(仄韻)으로 되어 있어 형식상 칠언율시와 유사하다. 이 사조(詞調)가 비교적 초기의 것임을 감안해 볼 때, 문인사(文人詞)가 5·7언 근체시와 밀접한 관계 속에서 발전했음을 알 수 있다.

太倉日富中邦最, 宣室夜思前席對. 歸心怡悅酒腸寬, 不泛千鍾
應不醉.

・太倉(태창) : 옛날 수도에 설치했던 큰 곡식 창고. 여기서는 황실의
  곡창을 가리킨다.
・中邦(중방) : 수도. 서울.
・宣室(선실) : 한대(漢代) 미앙궁(未央宮)의 정실(正室). 여기서는 송
  진종(眞宗)의 대궐을 가리킨다.
・前席(전석) : (상대방에게 가까이 다가가기 위해) 자리를 앞으로 끌
  다. 『사기(史記)』 중 「상군열전(商君列傳)」을 보면, "위앙이 다시 효
  공을 알현하였다. 효공이 그와 더불어 이야기할 때 자신도 모르게 자
  리를 앞으로 끌어 그와 무릎을 맞대었다.(衛鞅復見孝公. 公與語, 不
  自知膝之前於席也.)"라는 대목이 있다. 여기서는 진종이 인재의 등용
  을 소중히 여긴다는 뜻으로 사용되었다.
・酒腸寬(주장관) : 술 창자가 넓어지다. 즉 흠뻑 술을 마신다는 말이다.

임 그리는 정 억누를 길 없으니

옥녀요선패

선녀와 반려가 되어 지내다가
뜻하지 않게 선녀 궁에서 이별하고는
아직 신선의 대열로 돌아가지 못했다.
소박하게 단장하고
평범한 말을 사용하는
아름다운 여인들 얼마나 많았던가!
그녀를 이름난 꽃에 견주고자 했지만
한편 두려웠네 다른 사람이 비웃으며
말을 너무 쉽게 하는 것이라고 할까 봐.
곰곰이 생각하고 따져 보니
기이하고 아름다운 화초들은
그저 울긋불긋 빛깔이 고울 뿐이지
어찌하나 이렇게 다정한 사람이
이 세상에 내려와
저리도 아름답고 교태 있는 것을!

玉女搖仙佩

飛瓊伴侶, 偶別珠宮, 未返神仙行綴. 取次梳妝, 尋常言語, 有得幾多姝麗. 擬把名花比, 恐旁人笑我, 談何容易. 細思算, 奇葩艷卉, 惟是深紅淺白而已. 爭如這多情, 占得人間, 千嬌百媚.

- 飛瓊(비경) : 선녀의 이름. 후에는 선녀 일반을 지칭하는 말이 되었다.
- 珠宮(주궁) : 주옥으로 장식한 궁전. 선녀의 거처를 가리킨다.
- 行綴(행철) : 행렬. 대열.
- 取次(취차) : 되는 대로. 내키는 대로. 이 구절은 화장을 소박하게 한다는 뜻이다.
- 爭(쟁) : 어찌. '즘(怎)'과 같다.

모름지기 화려한 대청과 누각
밝은 달 맑은 바람에 몸을 맡겨야 하리니
어찌 세월을 가볍게 저버릴 수 있겠는가?
예로부터 지금까지
가인(佳人)과 재자(才子)가
장년에 둘 다 수려한 경우는 드물었다.
이렇게 함께 기대어 있고 싶어도
나의 재능 아끼는 그녀에게 어울리지 않는구나
원컨대 그대 아름답고 고운 심성으로
베갯머리에서 고백하는
내 속마음 받아들여 주기를.
맹세하자꾸나
이 세상 영원히 원앙 이불 혼자 덮지 말자고.

평소 꿈꾸어 왔던 생활 이상, 즉 풍류를 알고 다재다능한 자신과 아름다운 여인의 결합을 소원한 것이다. 유영의 인생에서 가장 큰 고통은 물론 그와 같은 이상이 실현될 수 없거나 파괴되는 것이었다. 작품의 주제와 인물 형상이 당대 사회상을 집중적으로 반영한다고 볼 때, 유영은 사(詞)를 귀족들의 '문예 살롱'으로부터 '시정의 거리'로 끌어냈고 그런 세속화 경향의 결과로 '속된 것을 아름다움으로 삼은' 선명한 특색이 그의 작품에 나타났음을 알 수 있다.

須信畵堂繡閣, 皓月淸風, 忍把光陰輕棄? 自古及今, 佳人才子, 少得當年雙美. 且恁相偎倚, 未消得, 憐我多才多藝. 願奶奶, 蘭心蕙性, 枕前言下, 表余深意. 爲盟誓: 今生斷不孤鴛被.

- 忍(인) : 어찌 차마 ……하랴? 차마 ……하지 못하다. '즘인(怎忍)'이나 '불인(不忍)'과 같다.
- 當年(당년) : 장년(壯年). 몸이 건장하고 기력이 왕성한 시기.
- 恁(임) : 이와 같이, 이렇게.
- 消得(소득) : 감당할 수 있다. 서로 어울리다.
- 奶奶(내내) : 여주인에 대한 호칭인데, 여기서는 상대방 여인을 가리킨다.
- 蘭心蕙性(난심혜성) : 난초와 혜초 같은 심성. 여인의 아름답고 고운 심성을 비유한다.
- 斷不(단불) : 결코 ……하지 않다. '결불(決不)'과 같다.

금당춘

늘어진 쪽머리를 힘 없이 빗질하고
수심에 잠겨 눈썹을 억지로 그리는
모든 것이 다 시들해진 나의 심사.
요즘 들어 더욱 초췌해지고
금실 수놓은 옷도 헐렁해졌다.
바람둥이 남정네의 마음이야 뻔하지
다른 여자와 한가롭게 희롱질하고 있겠지.
예쁜 얼굴 곱게 단장하고 있어야지
이렇게 나를 가벼이 버려두고
마음 편한지 어디 두고 보라지.

錦堂春

墜髻傭梳. 愁蛾懶畫. 心緖是事闌珊. 覺新來憔悴. 金縷衣寬. 認得這疏狂意下. 向人誚譬如閒. 把芳容整頓. 恁地輕孤. 爭忍心安.

- 蛾(아) : 여인의 아름다운 눈썹. '아미(蛾眉)'와 같다.
- 是事(시사) : 일마다. '사사(事事)'와 같다.
- 闌珊(난산) : 쇠락한 모양. 시들해진 모양.
- 誚譬(초비) : 조소하다. 희롱하다.
- 恁地(임지) : 이와 같이. 이렇게. '여차(如此)'와 같다.

여전히 굳은 약속을 팽개치고
애당초 나를 속여서는
구름 모양 쪽머리를 잘라 갔지.
언제고 돌아오기만 하면
규방 문을 단단히 닫아걸거야.
그가 함께 자자고 청하여도
이불 돌돌 말아 덮고 들은 척도 안 할거야.
하지만 밤이 깊어지면
조용히 물어보아야지
또다시 이처럼 마음대로 할건가요?

　남자에게 버림받은 여인의 심리 상태를 묘사한 것으로, 예전의 작품에 나오는 여인과는 사뭇 다른 모습을 보여 준다. 남자가 다른 여자에게 수작을 걸고 있는 상상을 하고는 오기로 화장을 곱게 하는 모습이라든지, 상상 속에서 돌아온 남자를 단단히 혼내 주겠다든지 하는 표현은 예전의 규원사(閨怨詞)에 묘사된 여인의 모습과는 확실히 다르다. 이처럼 유영의 작품에 등장하는 여인은 자신의 생각을 거침없이 표현하는 대담성을 지니고 있기도 하다.

依前過了舊約, 甚當初賺我, 偷剪雲鬟. 幾時得歸來, 香閣深關. 待伊要、尤雲殢雨, 纏繡衾、不與同歡. 儘更深, 款款問伊, 今後敢更無端.

- 香閣(향각) : 여인이 거처하는 곳. 규방(閨房).
- 尤雲殢雨(우운체우) : 남녀상열지사(男女相悅之事)에 사로잡히는 것을 비유하는 말.
- 款款(관관) : 조용하고 차분한 모양.
- 無端(무단) : 멋대로 하다. 마음대로 하다. '무뢰(無賴)'와 같다.

목란화령

정말로 마음이 끌리는 사람이 있는데
물어보면 짐짓 얼굴을 돌리고 마네.
그대가 나 말고 다른 사람을 마음에 두고 있다면
어째서 꿈속에 그리 자주 보인단 말이오?

일찌감치 내 소원 들어주는 게 좋을 거요
공연히 사람 넋을 빼놓을 뜻이 아니라면.
풍류 즐기는 이 사람의 내장 굳세지 못해
그대 때문에 그만 끊어질까 두렵다오.

고대 중국의 연시(戀詩)에서 남자가 여인에게 사랑을 애걸하는 표현은 매우 드물고, 그런 경우 사대부들의 비난이 빗발칠 것은 자명했다. 그런 면에서 짝사랑하는 남자의 마음을 대담하게 표현한 이 작품은 당시로서는 파격적이라고 할 수 있다. 여인의 뜻은 아랑곳하지 않고 그저 자신의 말만을 늘어놓으면서 자신의 사랑을 받아주지 않으면 죽고 말 것이라는 협박이 조금 우스꽝스럽게 느껴지면서도 한편 솔직 대담한 고백이 생동감을 준다.

木蘭花令

有個人人眞攀羨. 問著洋洋回却面. 你若無意向他人, 爲甚夢中頻相見.　　不如聞早還却願. 免使牽人虛魂亂. 風流腸肚不堅牢, 祇恐被伊牽引斷.

・攀羨(반선) : 마음이 끌리다. 애모하다.
・洋洋(양양) : 짐짓. 가장하는 모양. '양양(佯佯)'과 같다.
・回却面(회각면) : 얼굴을 돌리다.
・聞早(문조) : (다른 사람의 요구를) 일찌감치 들어주다.
・虛(허) : 공연히. 쓸데없이. '왕(枉)'과 같다.
・風流腸肚(풍류장두) : 풍류를 즐기는 내장. 즉 풍류를 즐기는 마음을 가리킨다.

투백화

한 손에 잡히는 부드럽고 가는 허리
나이는 이제 겨우 비녀 올린 열다섯.
풍류가 이제 막 배어들기 시작하여
수양버들 쌍 쪽머리가 그럴듯하고
처음 배운 화장에
그린 듯 조각한 듯 고운 몸매하며
사랑이 부끄러워 수줍어하는 모습이
오히려 몹시 귀엽기만 하다.

鬪百花

滿搦宮腰纖細. 年紀方當笄歲. 剛被風流沾惹, 與合垂楊雙髻.
初學嚴粧, 如描似削身材, 怯雨羞雲情意. 舉措多嬌媚.

・滿搦(만닉) : 한 손으로 잡으면 꽉 차다. 한 손으로 움켜쥘 수 있다.
・宮腰(궁요) : 여인의 가는 허리를 일컫는 말. 『한비자(韓非子)』의 「이병(二柄)」편에, "초나라 영왕이 가는 허리를 좋아하여 수도에는 굶주린 사람이 많았다.(楚靈王好細腰, 而國中多餓人.)"라는 대목이 있다.
・笄歲(계세) : 여자가 성년이 되어 비녀를 꽂기 시작하는 나이라는 뜻으로 열다섯 살을 가리킨다. '계년(笄年)'과 같다.
・垂楊雙髻(수양쌍계) : 수양버들 모양의 쌍 쪽머리. 미성년 시절의 머리 모양이다.
・嚴粧(엄장) : 단정하게 화장하다. '정장(整粧)'과 같다.
・怯雨羞雲(겁우수운) : 남녀 간의 사랑에 겁을 내고 부끄러워하다. 사랑이 부끄러워 수줍어하다. '운우(雲雨)'는 남녀 간의 사랑 또는 밀회를 뜻한다.
・擧措(거조) : 행동거지. '거지(擧止)'와 같다.

어찌해야 하나 이 마음을
아직 남자 사랑하는 것을 모르니!
밤이 이슥하도록
원앙금침에 들지 않고
비단 치마 벗겨 주자
교태 부리며 은 등잔 안고 돌아서서는
"당신 먼저 주무세요." 하는구나.

　남자와 처음으로 사랑을 나누는 새색시의 정태를 묘사한 것이다. 상편에서 남자는 관찰자 입장에서 그녀의 아리따운 모습과 거동을 놓치지 않고 있다. 하편에서는 밤이 이슥하도록 어쩔 줄 몰라 하는 여인을 대신하여 치마를 벗겨 주어도 여전히 부끄러워 남자에게 먼저 자라고 말하는 여인의 목소리가 들리는 듯 남녀의 모습이 생생하게 전달되고 있다. 구어적인 표현과 점층적인 서술의 수법이 잘 드러난 작품이라고 하겠다.

爭奈心性, 未會先憐佳壻. 長是夜深, 不肯便入鴛被. 與解羅裳, 盈盈背立銀釭, 却道你但先睡.

· 爭奈(쟁내) : 어찌하나. '즘내(怎奈)'와 같다.
· 道(도) : 말하다. '설(說)'과 같다.

동선가

좋은 시절
청춘 남녀들이
어찌 애정에 빠지지 않으랴
하얀 얼굴의 하안처럼 잘생기고
꿈에 난초를 받은 듯이 우아하다.
금실 휘장을 은 병풍으로 가리고는
화려한 베개 나란히 놓고
살며시 가볍게 의지하니
서로 잘 어울린다.
한 번의 미소는
옥구슬 백 개라도 당할 수 없다.

洞仙歌

嘉景, 向少年彼此, 爭不雨霑雲惹? 奈傅粉英俊, 夢蘭品雅. 金絲帳暖銀屛亞. 幷粲枕, 輕偎輕倚, 綠嬌紅姹. 算一笑, 百琲明珠非價.

· 少年彼此(소년피차) : 청춘 남녀를 가리킨다.
· 雨霑雲惹(우점운야) : 비에 젖고 구름에 이끌리다. '운우(雲雨)'가 남녀 간의 애정을 뜻하므로 '애정에 빠진다'는 말이다.
· 傅粉(부분) : 부분하랑(傅粉何郞 : 분을 바른 듯이 하얀 얼굴의 하안(何晏))의 준말이다. 후에는 미남자를 지칭하였다.
· 夢蘭(몽란) : 꿈속에서 난초를 받다. 『좌전(左傳)』「선공(宣公) 3년」을 보면, "정 문공에게 천첩이 있었는데, 연길이라고 하였다. 꿈에 천사가 자신에게 난초를 주면서 '나는 백조인데 너의 할애비이다. 이것을 네 아들로 삼겠다.'라고 말하였다. ······ 목공을 낳아 이름을 난이라고 하였다.(鄭文公有賤妾, 曰燕姞, 夢天使與己蘭, 曰: 余爲伯鯈, 余爾祖也, 以是爲爾子. ······ 生穆公, 名之曰蘭.)"라는 대목이 있다. 후에는 여자가 임신하는 것을 '몽란(夢蘭)'이라고 하였는데, 여기서는 여자가 남자의 사랑을 담뿍 받을 만큼 우아하다는 뜻으로 쓰였다.
· 銀屛亞(은병아) : 은 병풍으로 가리다. '아(亞)'는 '엄(掩)'과 통하여 '엄폐(掩蔽)'의 뜻으로 쓰였다.
· 綠嬌紅姹(녹교홍차) : 초록빛 붉은빛이 아름답게 어울리다. 남녀가 의기투합하여 잘 어울린다는 말이다.
· 非價(비가) : 그 값어치를 당할 수 없다. '무가(無價)'와 같다.

47

한가할 때면
언제나 침실 깊숙한 곳에서
지극히 사랑하고 총애했건만
외로움을 느낀 듯이
이렇게 등 뒤에서 눈물 흘린다.
옛부터 어여뻐하면 시기가 많았다지.
다시 향을 피우고 그 앞에서
마음속 깊이 사랑을 맹세하리.
즐겨 두 눈썹을 칠해 주고
거듭 단장케 하리.
어여쁜 사람의 정을 어찌 저버릴 수 있을까?
등한히 버려두지 않고
원앙금침 아래
원컨대 언제나 이렇게 좋은 낮과 밤 되기를.

유영은 시민 계층의 애정 의식을 적극적으로 작품에 담았다. 그는 서슴없이 자주 '재자가인(才子佳人)'과 '정랑정녀(情郎情女)'의 열렬하고 진지한 연정을 묘사하였고 또한 이별의 고통과 절절한 그리움을 표현하였다. 이 작품은 침실 깊숙한 곳에서 행해지는 달콤하고 즐거운 연애를 묘사함으로써 "결코 버려두지 않고", "언제나 이렇게 좋은 낮과 밤인" 생활 속 바람을 구어로 대담하게 표출하였다.

閑暇, 每只向, 洞房深處, 痛憐極寵. 似覺些子輕孤, 早恁背人 霑灑. 從來嬌縱多猜訝. 更對剪香云, 須要深心同寫. 愛揾了雙眉, 索人重畫. 忍孤艶冶? 絶不等閑輕捨. 鴛衾下, 願常恁, 好天良夜.

· 洞房(동방) : 그윽하고 깊숙한 내실. 주로 침실이나 규방을 가리킨다.
· 霑灑(점쇄) : 눈물을 흘리다.
· 猜訝(시아) : 시기하고 의심하다.
· 寫(사) : 속마음을 드러내다. 여기서는 사랑의 맹세를 가리킨다.
· 揾了雙眉(온료쌍미) : 두 눈썹을 칠해 주다. 이 구절은 다정한 부부의 정을 비유하는 '장창화미(張敞畵眉)'의 전고(典故)를 사용하였다.
· 忍孤艶冶(인고염야) : 미인의 정을 차마 저버리지 못하다. '인(忍)'은 '불인(不忍)'과 같고, '고(孤)'는 '고(辜)'와 같다.

서시

화류가에 등불 환하고 예쁜 꽃들 많지만
모두가 아름다움을 경아에게 양보하였다.
그녀의 천 가지 만 가지 교태는
분명 아름다운 눈길에 있다.
아무렇게나 머리 빗고 화장해도
저절로 천연의 자태가 피어나
옅게 그린 양 눈썹이 사랑스럽다.

西施

柳街燈市好花多, 盡讓美瓊娥. 萬嬌千媚, 的的在層波. 取次梳妝, 自有天然態, 愛淺畫雙蛾.

- 柳街(유가) : 화류가. 기방이 늘어선 거리를 가리킨다.
- 燈市(등시) : 대보름을 전후하여 꽃등을 걸어놓고 파는 곳. 여기서는 등시(燈市)처럼 꽃등이 환하게 걸려 있음을 나타낸다.
- 好花(호화) : 좋은 꽃. 여기서는 미녀를 비유하였다.
- 瓊娥(경아) : 기녀의 이름.
- 的的(적적) : 분명하고 뚜렷한 모양.
- 層波(층파) : 층층으로 기복이 있는 물결. 여인의 아름다운 눈동자를 비유한다.
- 取次(취차) : 되는 대로. 아무렇게나.

가장 애끊는 사람은 기방의 유객이니
공연히 애만 태울 뿐
그녀를 어찌할 것인가?
그녀의 방은 지척에 있건만
패옥을 찬 그녀에게 갈 방법이 없다.
재능 있는 남자를 아끼는 마음이 있어서
기방에 놀러갈 때마다
언제나 이렇게 방문할 수 있었으면!

경아라는 아름다운 기생에게 반한 한 남자의 애타는 마음을 표현하였
다. 유영의 인생에서 가장 큰 고통은 연인과 다시 만날 수 없는 이별이었
다. 전대(前代)의 시가가 감히 정면으로 대담하게 묘사하지 못했던 남녀
간의 연정이 유영에 이르러서는 가장 흔하고 뚜렷한 주제가 되었고, 유영
은 이를 가식 없이 묘사하였다.

斷腸最是金閨客, 空憐愛, 奈伊何? 洞房咫尺, 無計枉朝珂. 有意憐才, 每遇行雲處, 幸時恁相過.

- 金閨客(금규객) : 기방의 유객(遊客). 기방에 출입하는 남자 손님.
- 枉(왕) : 몸을 굽히고 찾아가다.
- 朝珂(조가) : 조정의 관리가 차는 패옥. 여기서는 패옥을 찬 여인을 가리킨다.
- 行雲(행운) : 무산(巫山) 신녀(神女)의 전고에서 나온 말로, '사랑하는 여인'이라는 뜻이다. 여기서는 경아라는 기생을 가리킨다. 송옥(宋玉)의 「고당부서(高唐賦序)」에 "아침에는 조운(朝雲)이 되고, 저녁에는 행우(行雨)가 될 것입니다.(旦爲朝雲, 暮爲行雨.)"라는 구절이 있다.

영춘악

요즘엔 야위었다고 사람들이 놀라며 이상해해요.
헤어진 후에는 당신이 보고 싶어 죽겠어요.
전생에 나는 당신께 그리움으로 쓰라려 해야 하는
빚을 졌나 봐요.
그러기에 이토록 고통에서 헤어나지 못하는 거겠죠.

밤은 이렇게 길기만 한데
임 그리는 정 억누를 길 없으니 어쩌나?
비단 이불 속에는 남은 향기 그대로 있어요.
어떻게 하면 예전처럼 등불 아래에서
마음껏 교태를 귀염받게 될까요?

한 여인이 사랑하는 남자와 헤어진 후 그리움 때문에 고통받는 모습을 묘사한 것이다. 남녀 간의 정을 그린 유영의 작품들에서 흔히 볼 수 있듯이 이 작품의 주인공도 자신의 속마음을 대담하고 솔직하게 드러내면서 당시 시민 계층의 적극적인 애정 의식을 잘 표현하였다.

迎春樂

近來憔悴人驚怪. 爲別後, 相思煞. 我前生, 負你愁煩債. 便苦恁, 難開解.　　　良夜永, 牽情無計奈. 錦被裏, 餘香猶在. 怎得依前燈下, 恣意憐嬌態.

- 煞(살) : 정도가 극심함을 표시하는 말. '극(極)'과 같다.
- 愁煩債(수번채) : 슬픔과 번뇌의 빚. 이 구절은 여인이 지금 그리움의 고통에서 헤어나지 못하는 이유가 전생에 남자에게 사랑의 아픔을 많이 주어서 지금 그 대가를 치르고 있는 것 같다는 말이다.
- 無計奈(무계내) : 대처할 방법이 없다.

사랑은 슬픈 추억과 아픔만을 남기고

우림령

늦가을 매미 소리 처량히 울리고
길가의 정자에 날은 저무는데
내리던 소낙비도 어느새 멎었다.
성문 밖 천막에서 정신없이 술 마시고
이별이 아쉬워 머뭇거릴 때
물가의 배는 떠나기를 재촉한다.
손잡고 마주 보는 이슬 맺힌 눈길
끝내 말없이 목메어 흐느꼈다.
가도 가도 끝없을 안개 서린 천 리 물결
저녁 안개 자욱한 남녘 하늘 아득하다.

雨霖鈴

寒蟬淒切, 對長亭晚, 驟雨初歇. 都門帳飲無緒, 留戀處, 蘭舟催發. 執手相看淚眼, 竟無語凝噎. 念去去, 千里煙波, 暮靄沉沉楚天闊.

- 寒蟬(한선) : 매미의 일종으로 작고 청적색(青赤色)을 띠며, 가을에 울기 시작한다. 『예기(禮記)』의 「월령(月令)」에 "초가을이 되어 서늘한 바람이 불고 백로가 내리면 한선이 운다.(孟秋之月, 涼風至, 白露降, 寒蟬鳴.)"와 같이 나온다.
- 長亭(장정) : 옛날 행인들이 쉬어갈 수 있도록 길옆에 세워 놓은 정자. 정자와 정자의 간격이 일정하지 않아서 '장정(長亭)', '단정(短亭)' 등으로 구별해 부르기도 하였다.
- 都門帳飲(도문장음) : 경성(京城 : 여기서는 변경)의 성문 밖에 천막을 치고 송별연을 베풀다.
- 無緒(무서) : 두서가 없다. 정신이 없다.
- 蘭舟(난주) : 채색을 한 배에 대한 미칭(美稱).
- 凝噎(응일) : 목메어 흐느끼다.
- 楚天(초천) : 남녘 하늘. 전국시대(戰國時代) 때 초나라가 중국의 남쪽에 있었으므로 남녘 하늘을 '초천(楚天)'이라고 부르는 경우가 많았다.

다정할수록 이별은 슬프게 마련인데
더욱이 쓸쓸한 이 가을을 어이 견디나!
오늘 밤 술 깨면 어디쯤 가 있을까?
버들 늘어선 물가에 새벽 바람 불고 조각달 걸렸으리.
이렇게 떠나가 세월이 흐르면
호시절 좋은 경치 무슨 소용이며
갖가지 그윽한 정취 우러난다 해도
그 누구에게 이 마음 토로하리?

유영의 대표작으로 손꼽힐 뿐만 아니라 송대 이별사(離別詞)의 백미로 추앙받는 작품이다. 유영은 상편에서 11세기 변하(汴河)에서 청춘 남녀가 이별하는 장면을 펼쳐 보였고, 하편에서는 떠나가는 남자의 입장에서 앞으로 맞이할 여로와 이별 후 겪게 될 고독과 그리움을 상상 속에 묘사하였다.

이 작품은 특별한 재자가인(才子佳人)이 아닌 한 쌍의 평범한 남녀가 주인공으로 등장하여 시민 애정시의 전성기를 연 효시가 되었다는 점과 애정의 표현에서 남녀평등의 사상을 보여 준다는 점에서 그 의의가 크다. 유영의 작품이 "우물물을 마시는 곳에서는 어디서나 유영의 사를 들을 수 있었다."라는 경지에 도달할 수 있었던 것은 그가 표현해 낸 시민 의식 및 사상과 밀접한 관계가 있다.

多情自古傷離別, 更那堪冷落淸秋節! 今宵酒醒何處? 楊柳岸,
曉風殘月. 此去經年, 應是良辰好景虛設. 便縱有千種風情, 更
與何人說?

- 淸秋節(청추절) : 맑은 가을철이나 중양절(重陽節 : 음력 9월 9일)을 가리킨다. 여기서는 첫 번째 뜻으로 사용되었다.
- 經年(경년) : 한 해 또는 그 이상의 세월이 경과하다.
- 虛設(허설) : 헛되이 차려 놓다. 즉 호시절 좋은 경치가 내 앞에 차려 놓인다고 해도 아무 소용이 없다는 말이다.
- 風情(풍정) : 풍류를 즐기는 마음. 그윽한 정취.

정풍파

봄이 왔어도 화초는 수심에 잠겨 있고
내 마음엔 모든 일이 시들하기만 하다.
태양이 꽃가지 끝에 걸리고
앵무새가 버들가지 사이를 나는데도
나는 아직 이불을 덮고 누워 있다.
화장도 지워지고 머리도 풀어진 채
종일토록 늘어져 치장하기도 귀찮다.
어이하나 무정한 사람 한번 떠난 뒤로
소식 한 자 없으니!

定風波

自春來, 慘綠愁紅, 芳心是事可可. 日上花梢, 鶯穿柳帶, 猶壓香衾臥. 暖酥消, 膩雲嚲, 終日厭厭倦梳裹. 無那, 恨薄情一去, 音書無個.

- 慘綠愁紅(참록수홍) : 수심에 잠겨 있는 화초. 집 떠난 남편을 그리워하는 아내가 붉은 꽃 푸른 잎을 바라보면 자신의 마음 상태가 투영되어 수심에 잠긴 듯이 보인다는 말이다.
- 可可(가가) : 마음에 두지 않다. 관심이 없다.
- 酥(수) : 얼굴에 바르는 화장 기름. 얼굴용 로션.
- 膩雲(이운) : 여인의 머리를 비유하는 말.
- 嚲(타) : 아래로 늘어진 모양. 여기서는 머리가 아래로 풀어진 것을 나타낸다.
- 無那(무나) : 어찌할 수 없다. '무내(無奈)'와 같다.
- 薄情(박정) : 무정한 사람.
- 無個(무개) : 없다. '개(個)'는 어조사로 뜻이 없다.

진작 이럴 줄 알았더라면
애초에 말고삐를 묶어두고 보내지 말았어야 했는데!
글방 창문을 통해 채색 종이와 상아 붓을 주고는
글공부나 하라고 붙잡아 두는 건데!
날 버리지 못하도록 언제나 함께하며
한가히 바느질거리 잡고 그이 곁에 붙어 있을 것을!
나와 함께 지내면서
젊은 시절 허송하지 못하게 할 것을!

  남편을 멀리 떠나 보내고 독수공방하는 젊은 아내의 회한과 그리움을 서술한 것이다. 유영의 속사(俗詞) 중 대표작답게 이 작품의 특징은 남녀 간 애정 묘사의 솔직성과 대담성에 있다. 이러한 표현 기법은 문인들의 창작 전통에 반기를 드는 것이어서 안수(晏殊)를 비롯한 당시 사대부들의 불만을 샀다. 유영의 이와 같은 시도는 예술 기교면에서 확실히 공헌이 있었지만 "화장도 지워지고 머리도 풀어진 채"와 같은 구절에서 볼 수 있듯이 일반 대중의 기호에 지나치게 영합하여 저속한 표현으로 흐른 면도 있다.

早知恁麼, 悔當初, 不把雕鞍鎖. 向鷄窓, 只與蠻箋象管, 拘束
敎吟課. 鎭相隨, 莫抛躱. 鍼線閑拈伴伊坐, 和我, 免使年少光
陰虛過.

- 恁麼(임마) : 이와 같이. 이렇게. '여차(如此)'와 같다.
- 雕鞍鎖(조안쇄) : 아름답게 장식한 말안장을 잠그다. 즉 남편의 말고
  삐를 묶어둔다는 말이다.
- 鷄窓(계창) : 서창(書窓). 서방(書房). 『예문류취(藝文類聚)』의 「조부
  (鳥部)」에서 『유명록(幽明錄)』을 인용하여, "진나라의 연주자사 패국
  공 송처종은 울음소리가 우렁찬 닭을 한 마리 사서 지극정성으로 보
  살피며 언제나 창가에 닭장을 놓아두었다. 그 닭이 마침내 사람의 말
  을 하게 되어 송처종과 이야기를 주고받았는데, 말에 지혜가 지극히
  담겨 있었으며 종일토록 그치지 않았다. 송처종은 이로 인해 말솜씨
  가 크게 늘었다.(晉兗州刺史沛國宋處宗嘗買得一長鳴鷄, 愛養甚至, 恒
  籠著窓間. 鷄遂作人語, 與處宗談論, 極有言智, 終日不輟. 處宗因此言
  巧大進.)"라고 하였다. 이것에서 연유하여 후인들은 서방(書房)을
  '계창'이라고도 하였다.
- 蠻箋象管(만전상관) : 종이와 붓. '만전(蠻箋)'은 옛날 사천(四川)
  지방에서 생산했던 채색 전지(箋紙)를 가리키고, 상관(象管)은 상아
  로 만든 붓대를 가리킨다.
- 吟課(음과) : 작시(作詩)와 독서. 즉 글공부를 가리킨다.
- 鎭(진) : 하루 종일. '진일(鎭日)'과 같다.
- 鍼線閑拈(침선한념) : 한가히 바느질거리를 잡다. '綵線慵拈(채선용
  념 : 한가히 수놓을 거리를 잡다)'로 되어 있는 판본도 있다.

야반악

구름 얼어붙은 음침한 날씨에
일엽편주를 타고
강나루를 떠나니 감흥이 인다.
수많은 계곡과 산을 지나
월계가 끝나는 곳에 이르렀다.
성난 파도 점차 가라앉더니
순풍이 일고
상인들이 서로 인사하는 소리 들린다.
돛을 높이 세우고
채색 배는 경쾌하게 남쪽 포구를 지난다.

夜半樂

凍雲黯淡天氣, 扁舟一葉, 乘興離江渚. 度萬壑千巖, 越溪深處. 怒濤漸息, 樵風乍起, 更聞商旅相呼. 片帆高擧, 泛畫鷁, 翩翩過南浦.

· 凍雲(동운) : 얼어붙은 구름. 추운 날씨 때문에 얼어붙은 듯이 엉겨 있는 구름.
· 越溪(월계) : 원래는 춘추시대(春秋時代) 말기 월(越)나라의 미녀 서시가 빨래를 했다고 전해지는 약야계(若耶溪 : 지금의 절강성 소흥시 (紹興市) 남쪽)를 가리키는데, 여기서는 일반화하여 사용하였다.
· 樵風(초풍) : 산림에서 이는 순풍(順風).
· 畫鷁(화익) : 옛날에는 뱃머리에 익조(鷁鳥)의 머리를 그려 넣어 강신 (江神)으로 하여금 두려움을 느끼게 했다고 한다. 이로부터 후인들은 배를 '화익(畫鷁)'이라고 일컬었다.
· 翩翩(편편) : 배가 가는 것이 경쾌한 모양.

멀리 주막의 깃발이 펄럭이고
마을엔 연기가 피어오르고
서리 내린 나무들이 줄지어 있다.
석양 아래
어부들은 뱃전을 두드리며 돌아간다.
연잎은 시들어 떨어지고
누런 버들잎 어울려 빛난다.
물가에는 오순도순
빨래하는 아낙들 보이는데
지나가는 나그네를 부끄러워 피하며
서로 웃고 이야기한다.

望中酒旆閃閃, 一簇煙村, 數行霜樹. 殘日下, 漁人鳴榔歸去. 敗荷零落, 衰楊掩映, 岸邊兩兩三三, 浣紗遊女. 避行客, 含羞笑相語.

- 酒旆(주패) : 주막의 깃발. 평시에는 주막 밖에 걸어 둔다.
- 閃閃(섬섬) : 펄럭이는 모양.
- 鳴榔(명랑) : 어부들이 고기를 잡을 때 뱃전을 두드려서 고기들을 놀라게 하는 데 사용하는 긴 나무 막대기.

이제 생각하면
고향의 아름다운 누각 너무 쉽게 떠나와
물결에 떠도는 부평초처럼 정착할 수가 없구나.
아아, 훗날의 기약을 정녕 무엇에 의지하리?
이별의 정회 참담하고
날은 저무는데 돌아갈 날 막막하여 슬픔이 인다.
이슬 맺힌 눈으로 응시하니
서울 가는 길 아득한데
외로운 기러기 소리 저녁 하늘 멀리 사라져 간다.

 유영이 여정 중에서 보고 들은 것을 자세하게 묘사한 작품이다. 본 것이 많아지고 들은 것이 심화됨에 따라 그의 마음속에 이는 이별의 슬픔도 갈수록 깊어진다. "이슬 맺힌 눈", "참담한 이별의 정회"라고 했듯이 작가는 열렬하고 진지한 연정 때문에 끝내 흘러나오는 상사(相思)의 눈물을 피할 수 없었다. 따라서 유영에게 가장 중요한 주제와 내용은 평범한 청춘 남녀의 애정이었다. '태평한 기상'의 형용은 염정(艶情)에 대한 묘사와 분리될 수 없었지만 '떠돌이 생활에 대한 상념'의 서술도 남녀 간 상사의 정을 떨쳐 버린 적이 없었다. 이렇게 유영의 작품을 관통하는 중심 사상은 시민 계층이 발산하는 애정 의식이었다.

到此因念: 繡閣輕抛, 浪萍難駐. 嘆後約丁寧竟何據? 慘離懷, 空恨歲晚歸期阻. 凝淚眼, 杳杳神京路, 斷鴻聲遠長天暮.

- 繡閣(수각) : 아름다운 누각. 여인의 거처를 가리킨다.
- 丁寧(정녕) : 틀림없이. 꼭. '정녕(叮嚀)'과 같다.
- 神京(신경) : 서울. 여기서는 북송의 수도 변경을 가리킨다.
- 斷鴻(단홍) : 외로운 기러기. '고홍(孤鴻)'과 같다. 기러기는 먼 곳에 편지를 전달할 수 있다는 전설이 있다. "외로운 기러기 소리 저녁 하늘 멀리 사라져 간다."라는 구절은 그리운 사람의 편지를 받을 수 없어 더욱 심난하다는 뜻이다.

낭도사만

꿈에서 깨어난 것은
한 줄기 바람이 창 틈으로 들어와
차가운 등불을 꺼 버렸기 때문이다.
이렇게 술이 깨어 버리면
섬돌에 떨어지는 밤비 소리를
어떻게 또 참아낼 수 있을까?
아아 내가 변변치 못하여
아직도 나그네 신세를 면치 못하고
가인과의 굳은 맹세도
몇 번이나 저버렸던가!
달콤했던 만남이 슬픔으로 변했으니
어떻게 참아낼 수 있으리!

浪淘沙慢

夢覺, 透窗風一線, 寒燈吹息. 那堪酒醒, 又聞空階, 夜雨頻滴. 嗟因循, 久作天涯客. 負佳人, 幾許盟言, 便忍把, 從前歡會, 陡頓翻成憂戚.

・那堪(나감) : 어찌 견딜까? 어떻게 참아내나?
・因循(인순) : 예전처럼 행하며 고칠 줄 모르다. 여기서는 변변치 못하다는 뜻으로 사용되었다.

가득한 슬픔을 안고
다시금 추억을 더듬어 보면
여러 번 깊숙한 침실에서
음주와 가무를 즐긴 뒤
원앙금침을 함께했으니
어찌 잠시라도 이별하여
그녀를 마음고생시키려 했으리
구름과 비처럼 어우러져
얼마나 끔찍이 아끼고 사랑했던가!

愁極. 再三追思, 洞房深處, 幾度飮散歌闌, 香暖鴛鴦被, 豈暫時疏散, 費伊心力. 㷋雲尤雨, 有萬般千種, 相憐相惜.

- 洞房(동방) : 외부와 단절되어 있는 내실. 규방(閨房).
- 飮散歌闌(음산가란) : 술자리가 끝나고 노래가 그치다. '란(闌)'은 '진(盡)'과 같다.
- 㷋雲尤雨(체운우우) : 구름과 비처럼 어우러지다. 남녀상열지사에 사로잡히는 것을 비유하는 말.

그런데 지금은
오래도록 낯선 곳에 머물며
스스로 이별을 택한 꼴이 되었으니
어느 때에나 다시 한 번
아름다운 그녀를 안아 볼 수 있을까?
휘장 아래로 들어가 베갯머리에서
부드러운 음성으로 그녀에게
떠돌이 생활 속에 밤마다
빗소리 들으며 그리움에 빠져 있음을
말해 줄 수 있으면 좋으련만!

　사랑하는 여인을 버리고 멀리 떠나온 자신의 행동을 몹시 후회하며 그리움에 몸부림치는 한 지방 관리의 모습을 그린 것이다. 떠돌이 벼슬 생활을 묘사한 대부분의 작품이 정치적 야망의 좌절과 복귀의 소망을 담는 것과는 사뭇 다르다. 그것은 아마도 유영이 젊은 시절 오랫동안 풍류남아로 지냈고, 노년에 접어들어 뒤늦게 관직 생활을 시작했기 때문에 미래에 대한 포부보다는 말단의 지방관 생활에서 오는 염증과 과거의 풍류 생활에 대한 미련이 더욱 크게 작용했기 때문이리라. 게다가 작품의 배경도 대부분 가을이고, 시간도 해가 저무는 저녁 무렵이 많다.

恰到如今, 天長漏永, 無端自家疏隔. 知何時, 却擁秦雲態, 願
低幃昵枕, 輕輕細說與, 江鄕夜夜, 數寒更思憶.

・漏永(누영) : 밤 시간을 알리는 물시계의 물소리가 끊임이 없다. 밤
 시간이 길다는 뜻이다. '야장(夜長)'과 같다.
・無端(무단) : 이유 없이. 까닭 없이.
・疏隔(소격) : 이별(離別).
・秦雲態(진운태) : '진대운우지태(秦臺雲雨之態)'를 줄인 말. '진대(秦
 臺)'는 '초대(楚臺)'와 통하여 초(楚) 회왕(懷王)과 무산신녀(巫山神
 女)가 밀회를 즐기던 곳을 가리킨다. 따라서 이 말은 무산의 신녀가
 초 회왕과 밀회를 즐길 때의 다정하고 아름다운 자태를 가리킨다.

옥호접

비 그치고 구름 흩어졌는데
우수에 젖어 난간에 기대 서서
가을 경치를 물끄러미 바라본다.
해 저물녘의 쓸쓸한 풍경이
송옥의 슬픔과 한을 느끼게 한다.
수면 위로 바람 산들산들 불고
네가래 꽃은 점점 시들어 가는데
달빛 머금은 이슬 차갑게 빛나고
오동잎도 누렇게 말라 떨어지니
내 마음은 아프기만 하다.
그 사람은 어디에 있을까?
안개 서린 물길이 아득하구나.

玉蝴蝶

望處雨收雲斷, 凭闌悄悄, 目送秋光. 晚景蕭疏, 堪動宋玉悲凉. 水風輕, 蘋花漸老, 月露冷, 梧葉飄黃. 遣情傷, 故人何在, 煙水茫茫.

· 悄悄(초초) : 우수에 젖은 모양. 근심하는 모양.
· 宋玉悲凉(송옥비량) : 송옥은 전국시대 초나라 사람으로, 사부가(辭賦家)이다. 굴원(屈原)의 제자라고도 하며 초 경양왕(頃襄王)의 대부(大夫)가 되었다. 그가 「구변(九辯)」의 서두에서 "슬프구나 가을의 분위기가, 쓸쓸하구나 초목이 바람에 떨어져 시들어가니.(悲哉秋之爲氣也, 蕭瑟兮草木搖落而變衰.)"라고 하여 후세에 '송옥비추(宋玉悲秋)'의 전고(典故)가 되었다.
· 蘋花(빈화) : 네가래 꽃. 다년생 수초로 여름과 가을에 꽃이 핀다.

잊을 수 없어라
시를 지으며 술 마시던 일을.
좋은 경치를 몇 번이나 지나치고
몇 년의 세월이 또 지나갔는지
물길 아득하고 산은 멀리 있어서
소수와 상수가 어딘지 알 수 없다.
한 쌍의 제비를 떠올려 보지만
편지를 믿고 맡길 수 없구나.
그 사람도 저녁 하늘 가리키며
나의 귀향 배로 착각하고 가슴 설레겠지.
암담한 심정으로 바라보며
외기러기 슬피 우는 속에서
석양이 다 지도록 우두커니 서 있다.

멀리 떨어져 있는 친구를 그리워하는 마음을 적은 것이다. 작가는 상편에서 쓸쓸한 가을의 경치를 묘사하며 자신의 고독한 처지를 암시하였고, 하편에 들어가 자신의 귀환을 기다리고 있을 친구에 대한 그리움을 서술하였는데. 이와 같은 구성은 유영의 이별사에서 흔히 접할 수 있는 표현 방법이다.

難忘, 文期酒會, 幾孤風月, 屢變星霜, 海闊山遙, 未知何處是 瀟湘. 念雙燕, 難凭遠信, 指暮天, 空識歸航. 黯相望, 斷鴻聲 裏, 立盡斜陽.

- 文期酒會(문기주회) : 함께 모여 술 마시며 시를 짓다.
- 幾孤(기고) : 몇 번이나 저버렸던가? 몇 번이나 지나쳤던가? '고(孤)'는 '고(辜)'와 같다.
- 風月(풍월) : '청풍명월(淸風明月)'의 준말. 즉, 좋은 경치를 말한다.
- 星霜(성상) : 해. 년. 별자리는 일 년을 주기로 천공을 회전하고, 서리는 일 년을 단위로 내리는 시기가 일정하므로 일 년을 일 성상이라고 한다.
- 瀟湘(소상) : 소수(瀟水)와 상수(湘水). 여기서는 그리운 사람이 있는 곳을 가리킨다.

새고

외마디 닭 우는 소리가
다시금 밤이 끝났음을 알려
말에 여물 주고 수레에 차양 씌워 출발을 재촉하며
총총히 주인과 등불 아래에서 작별한다.
산길은 험하고
갓 내린 서리 미끄러운데
말방울 소리에 잠자던 까마귀 놀라 깨고
쇠등자 차갑게 새벽달을 두드린다.
점점 가을바람 싸늘하게 불어와
옷깃과 소매가 차갑기만 하다.

塞孤

一聲鷄. 又報殘更歇. 秣馬巾車催發. 草草主人燈下別. 山路險. 新霜滑. 瑤珂響. 起棲烏. 金鐙冷. 敲殘月. 漸西風緊. 襟袖 凄洌.

- 殘更歇(잔경헐) : 밤 시간을 알리는 북소리가 이미 그치다. 즉 밤이 끝나고 날이 밝으려 한다는 말이다.
- 秣馬(말마) : 말에게 여물을 주다. 즉 수레의 출발을 준비한다는 뜻이다.
- 草草(초초) : 총총히. 서둘러서.
- 主人(주인) : 여기서는 작가가 사랑하는 여인을 가리킨다.
- 瑤珂(요가) : 말에 장식으로 단 옥 방울.
- 起棲烏(기서오) : 보금자리에 든 까마귀가 놀라 일어나게 하다. 말방울 소리에 잠자던 까마귀가 놀라 깬다는 말은 그만큼 새벽이 정적 속에 잠겨 있었다는 뜻이다.
- 敲殘月(고잔월) : 새벽달을 두드리다. 새벽달 아래 말이 땅을 밟고 가는 소리가 허공에 울린다는 말이다.
- 凄洌(처열) : 쓸쓸하고 차갑다.

멀리 서울을 향해 보지만
황금 궁궐은 보이지 않는다.
머나먼 여행길 언제나 끝나려나?
필경 그녀는 한이 맺혀 있겠지.
내가 돌아올 날을 손꼽아 기다리리라.
만나게 되면 보드라운 손을 붙잡고
은밀한 곳에서 향긋하고 뽀얀 몸에 기대어
원앙금침을 두 곳에서 이렇게
헛되이 펴 놓는 일 없게 하리라.

  여행 도중에 하룻밤을 총총히 묵고 새벽길을 허둥지둥 떠나면서 뒤에 두고 온 여인을 그리워하는 마음을 쓴 것이다. 가을바람 매섭게 몰아치는 새벽길을 재촉하면서도 여인을 잊지 못하는 정랑(情郞)의 심경이 잘 표현되어 있다.

遙指白玉京, 望斷黃金闕. 遠道何時行徹. 算得佳人凝恨切. 應念念, 歸時節. 相見了, 執柔荑, 幽會處, 偎香雪. 免鴛衾, 兩恁虛設.

· 白玉京(백옥경) : 도교(道敎)에서 말하는 천제(天帝)가 사는 곳. 여기서는 수도 변경을 가리킨다.
· 黃金闕(황금궐) : 도교의 천제가 사는 황금으로 된 궁궐. 여기서는 황궁을 가리킨다.
· 柔荑(유이) : 갓 돋아난 어린 풀. 여기서는 여인의 부드러운 손을 비유한다.
· 香雪(향설) : 향긋하고 눈같이 희다. 여기서는 여인의 향긋하고 뽀얀 몸을 비유한다.

설매향

주변은 쓸쓸하기만 한데
누대에 홀로 서서 하늘을 마주한다.
가을이 아련한 슬픔을 불러일으켜
이 심정 예전의 송옥과 같으리라.
어시장엔 연기 한 줄기 파랗게 피어 오르고
물가 마을엔 붉은 낙엽이 춤추며 떨어진다.
남녘 하늘 광활하게 펼쳐 있는데
물결은 석양 속으로 들어갈 듯이
끝없이 넘실거린다.

雪梅香

景蕭索, 危樓獨立面晴空. 動悲秋情緒, 當時宋玉應同. 漁市孤煙裊寒碧, 水村殘葉舞愁紅. 楚天闊, 浪浸斜陽, 千里溶溶.

- 危樓(위루) : 위태롭게 보일 정도로 높은 누대. '고루(高樓)'와 같다.
- 溶溶(용용) : 물이 넘실거리며 흐르는 모양.

몰아치는 바람 앞에서
아름다운 그녀를 생각하니
이별 후 슬픔에 젖어
늘 눈썹을 찌푸리고 있겠지.
아쉽기만 하구나 그 당시에
갑자기 운우의 자취와 이별한 것이.
고운 님과 함께 즐거움을 나누다가
봄이 가 버리듯 갑자기 동서로 갈라졌구나!
이 참을 수 없는 이별의 슬픔
그녀를 그리워하는 내 마음
날아가는 기러기에게 당부할밖에!

상편에서 쓸쓸한 가을을 맞아 타향살이하는 선비가 느끼는 비애감을 묘사하고, 하편에서 관리 생활로 인해 정든 여인과 헤어져야만 했던 쓰라림과 그녀에 대한 그리움을 서술하였다. 일찍이 송옥은 「구변」의 서두에서 "슬프구나 가을의 분위기가, 쓸쓸하구나 초목이 바람에 떨어져 시들어가니. …… 불우구나, 가난한 선비 실직하여 마음이 불편하니. 쓸쓸하구나, 타향에 얽매여 지내는데 벗이 없으니.(悲哉秋之爲氣也, 草木搖落而變衰. …… 坎壈兮, 貧士失職而志不平. 廓落兮, 羈旅而無友生.)"라고 토로한 바 있다.

臨風, 想佳麗, 別後愁顔, 鎭斂眉峰. 可惜當年, 頓乖雨跡雲蹤.
雅態姸姿正歡洽, 落花流水忽西東. 無憀恨, 相思意, 盡分付征鴻.

· 佳麗(가려) : 아름다운 여인. 여기서는 작가가 그리워하는 여인을 가리킨다.
· 鎭(진) : 늘. 언제나.
· 雨跡雲蹤(우적운종) : 운우(雲雨)의 자취. 남녀 간의 애정. 여기서는 사랑하는 여인을 가리킨다.
· 落花流水(낙화유수) : 떨어진 꽃잎이 물 따라 흘러가다. 즉 봄이 가 버린다는 말이다.
· 無憀恨(무료한) : 번민에서 오는 한(恨). 여기서는 이별의 슬픔과 한을 가리킨다.

채련령

달빛은 사라지고
옅은 구름 희뿌연 하늘에 먼동이 트니
서쪽으로 떠나는 나그네 마음이 괴롭다.
아리따운 아가씨 손 붙잡고 전송하느라
붉은 대문을 살며시 연다.
예쁜 얼굴에 눈에는 이슬이 맺힌 채 한없이 서서
말없이 눈물만 흘리니
가슴이 아려 차마 뒤돌아볼 수가 없다.

采蓮令

月華收, 雲淡霜天曙. 西征客, 此時情苦. 翠娥執手送臨歧, 軋軋開朱戶. 千嬌面, 盈盈竚立, 無言有淚, 斷腸爭忍回顧.

・翠娥(취아) : 미녀를 가리킨다.
・臨歧(임기) : 갈림길에 이르다. 옛사람들은 송별할 때 대개 갈림길에 이르러 헤어졌으므로 '이별'의 뜻으로도 쓰인다.
・軋軋(알알) : 의성어. 대문이 살며시 열리는 소리.
・盈盈(영영) : 눈에 눈물이 맺혀 있는 모양.
・爭忍(쟁인) : 어찌 참을 수 있으랴? 차마 ……할 수 없다. '즘인(怎忍)', '불인(不忍)'과 같다.

한 조각 목란 배는
급한 노질로 물결 헤치며
갈 길을 서두르니 어찌 이별의 쓰라림을 알랴!
갈래갈래 찢겨진 마음
고통을 참으며 멍하니 있을 뿐 누구에게 이야기하랴.
다시 고개 돌려 바라보니 높다란 성은 보이지 않고
차디찬 강 하늘 끝에
안개 서린 나무들만 보일 듯 말 듯 서 있다.

 밤을 함께 지낸 여인과 아침이 되어 헤어지면서 느끼는 쓰라림을 쓴 것인데, 언어가 잘 다듬어져 있고 구성도 짜임새가 있다. 후반부 마지막의 표현은 시야에 들어오는 경물의 묘사 속에 감정을 깃들여 넣은 것으로서 독자들에게 풍부한 연상 작용을 불러일으켜 준다.

一葉蘭舟, 便恁急槳凌波去. 貪行色, 豈知離緖. 萬般方寸, 但飮恨, 脈脈同誰語. 更回首, 重城不見, 寒江天外, 隱隱兩三煙樹.

- 脈脈(맥맥) : 마음속의 감정을 감추고 묵묵히 눈으로 감정을 표현하는 모양.
- 重城(중성) : 고대의 성은 외성(外城) 안에 다시 내성(內城)을 세웠으므로 '중성(重城)'이라고 하였다. 여기서는 일반적인 성을 가리킨다.

고향을 바라보면 아득한데

팔성감주

부슬부슬 저녁 비가 강 하늘에 내려
한바탕 맑은 가을을 씻어내누나.
점차 서릿바람 세차게 불어와
눈앞의 산하는 쓸쓸하기만 한데
석양빛이 누각에 비쳐든다.
곳곳에 꽃 지고 잎 떨어져
점점 아름다운 경치 사라져 간다.
다만 장강의 도도한 물만이
말없이 동쪽으로 흘러간다.

八聲甘州

對瀟瀟暮雨灑江天, 一番洗淸秋. 漸霜風凄緊, 關河冷落, 殘照當樓. 是處紅衰翠減, 苒苒物華休. 唯有長江水, 無語東流.

· 瀟瀟(소소) : 비가 부슬부슬 내리는 모양.
· 江天(강천) : 강과 하늘. 강과 그 위에 드넓게 펼쳐진 하늘을 가리킨다.
· 是處(시처) : 도처.
· 紅衰綠減(홍쇠록감) : 꽃이 지고 잎이 떨어지다. '홍(紅)'은 꽃을 가리키고, '록(綠)'은 잎을 가리킨다.
· 苒苒(염염) : 점점. 점차. '염염(冉冉)'과 같다.
· 物華(물화) : 아름다운 경치.

차마 높이 올라 멀리 바라볼 수 없으니
고향 쪽을 바라보면 아득하기만 한데
돌아가고픈 마음을 가눌 수 없구나.
한스럽게도 지난 몇 년의 종적을 살펴보면
무슨 일로 고달프게 오래도록 머물러 있었는가?
생각해 보면 그녀는 누각에서 물끄러미 바라보며
몇 번이나 속았을까 저 멀리 내가 돌아오는 배인 줄 알고?
어찌 알랴 이내 몸 난간에 기대어
이렇게 슬픔에 응어리져 있는 것을!

집 떠난 나그네의 고독과 그리움을 묘사한 것이다. 몇 년 동안이나 쓸쓸한 타향에서 세월을 보내고 있는 고독한 나그네가 가을이 저물어 가는데도 집에 돌아가지 못하고 또 한 해를 넘겨야 하는 안타까운 심정이 감동적으로 그려져 있다. 특히 이 사는 '가인장루(佳人粧樓)'류의 속된 표현이 '상풍처긴(霜風淒緊)'류의 고아함을 희석시키지 않기 때문에 총체적으로 '속됨이 우아함을 손상시키지 않는' 특색을 나타낸다.

不忍登高臨遠, 望故鄉渺邈, 歸思難收. 嘆年來踪迹, 何事苦淹留? 想佳人粧樓顒望, 誤幾回天際識歸舟? 爭知我, 倚欄干處, 正恁凝愁!

- 渺邈(묘막) : 아득히 멀다.
- 淹留(엄류) : 오래도록 머물러 있다. '구류(久留)'와 같다.
- 顒望(옹망) : 머리를 들고 물끄러미 바라보다.
- 恁(임) : 이와 같이. 이렇게. '여차(如此)'와 같다.

봉서오

높은 누대에 물끄러미 서 있으니 바람 부드럽게 불어와
멀리 바라보니 봄의 슬픔이
하늘 끝에서 암울하게 솟구친다.
안개 서린 풀에 비쳐 드는 석양빛 아래
말없이 난간에 기대 선 이 마음을 누가 알리오?

한번 마음껏 취해 보고자 하였지만
막상 술과 노래를 대하니
억지로 즐거움을 구하는 것 같아 흥미가 없다.
의대가 점차 헐렁해져도 끝내 후회하지 않으리니
그녀 때문에 초췌해진들 어떠리.

멀리 떨어져 있는 연인에 대한 그리움 때문에 야위어 가는 남자의 치정을 묘사한 것이다. 여기에 표현된 애정의 진지성은 이별의 정경을 묘사한 다른 작품에 비해 다소 떨어지지만 표현 기교상에서는 주목할 만하다. "안개 서린 풀에 비쳐 드는 석양빛 아래, 말없이 난간에 기대 선 이 마음을 누가 알리오?" 구의 의경(意境)은 여운이 길고, 마지막 "의대가 점차 헐렁해져도 끝내 후회하지 않으리니, 그녀 때문에 초췌해진들 어떠리." 구는 사람들이 즐겨 읊는 '치정의 말'이다.

鳳棲梧

佇倚危樓風細細. 望極春愁, 黯黯生天際. 草色煙光殘照裏, 無言誰會凭欄意?　擬把疏狂圖一醉. 對酒當歌, 強樂還無味. 衣帶漸寬終不悔, 爲伊消得人憔悴.

- 黯黯(암암) : 암담하다. 암울하다.
- 擬把(의파) : 하고자 하다. ……하려고 하다. '打算'과 같다.
- 疏狂(소광) : 마음 내키는 대로 하다. 구속받지 않다.
- 對酒當歌(대주당가) : 노래를 들으며 술을 마시다. '당(當)'은 '대(對)'의 뜻이다.
- 強樂(강락) : 억지로 즐거움을 구하다.
- 衣帶漸寬(의대점관) : 의대가 점차 헐렁해지다. 사람이 점차 야위어 감을 나타낸다.
- 伊(이) : 삼인칭 대명사. 여기서는 '저(她)'와 같다.
- 消得(소득) : ……할 가치가 있다. ……할 만하다.

척씨

늦은 가을날
갑자기 가랑비가 정원 정자에 내린다.
난간 앞의 국화는 시들어 떨어지고
우물가 오동도 어지러이 낙엽 지며
옅은 안개를 물들인다.
쓸쓸한 마음에
강변의 관문을 바라보니
떠가는 구름 석양 속에 암담하다.
당시 송옥이 느꼈던 비애가
나그네 된 이내 가슴에 사무친다.
길은 구불구불 멀리 뻗어 있고
행인은 처량함에 빠져
졸졸 흐르는 길가의 물소리도 귀찮아졌다.
매미는 마른 잎에서 울고
귀뚜라미는 시든 풀에서 울어
서로 호응하며 시끄러운 소리를 낸다.

戚氏

晚秋天, 一霎微雨灑庭軒. 檻菊蕭疏, 井梧零亂, 惹殘煙. 凄然, 望江關. 飛雲黯淡夕陽間. 當時宋玉悲感, 向此臨水與登山. 遠道迢遞, 行人凄楚, 倦聽隴水潺湲. 正蟬吟敗葉, 蛩響衰草, 相應喧喧.

- 臨水與登山(임수여등산) : 물가에 다다르고 산에 오르다. 이 구절은 송옥의 「구변」에 있는 "처량한 것이 머나먼 나그넷길에 있는 것 같고, 산에 오르고 물가에 다다름이여 돌아가는 것을 전송하는구나.(憯悽兮若在遠行, 登山臨水兮送將歸.)"라는 구절을 차용하여 변화시킨 것으로, 당시 송옥이 느꼈던 비애가 나그네가 된 작가의 마음에 사무친다는 뜻이다.
- 迢遞(초체) : 구불구불 뻗어 있는 모양.
- 隴水潺湲(농수잔원) : 농산(隴山)의 물이 졸졸 흐르다. 이 구절은 한(漢)나라 때의 악부(樂府) 「농두가(隴頭歌)」의 "농산 꼭대기에 흐르는 물, 산 아래로 떠나가네. 이내 몸 생각하니, 광야를 떠돌고 있구나.(隴頭流水, 流離山下. 念吾一身, 飄然曠野.)"를 차용하여 변화시킨 것으로, 나그넷길의 슬픔과 고통을 묘사하였다.
- 喧喧(훤훤) : 소리가 시끄럽게 울리다.

외로운 객사인지라
하루가 일 년 같은데
점차 바람 차가워지고 이슬 짙어져
어느새 깊은 밤이 되었다.
드넓고 맑은 하늘에
은하수 희미하게 펼쳐졌고
하얀 달 아름답게 빛난다.
상념은 끝없이 이어지는데
긴긴 밤 이 같은 정경을 대하니
어찌 손꼽아 지난 일을 회상할 수 있으랴?
명성도 봉급도 없던 시절
화려한 기방의 거리에서
언제나 해를 거듭하며 소일했었지.

 내용으로 미루어 유영의 만년에 지어졌을 것이다. 작가는 눈앞의 쓸쓸한 경치로부터 촉발된 나그넷길의 비애를 서술하면서 벼슬길에 나서기 전의 자유분방했던 생활에 대한 추억과 현재의 고독, 우수를 대비하고 있다. 이 작품에는 특히 가을에 느끼는 나그네의 비애와 그 속에 "가난한 선비가 벼슬을 잃고 마음으로 불평하는(貧士失職而志不平)" 심리가 잘 나타나 있어서 고대 중국의 문인이 늘 지니고 있던 우환 의식의 일단을 엿볼 수 있다.

孤館度日如年, 風露漸變, 悄悄至更闌. 長天淨, 絳河淸淺, 皓月嬋娟. 思綿綿, 夜永對景, 那堪屈指, 暗想從前? 未名未祿, 綺陌紅樓, 往往經歲遷延.

- 更闌(경란) : 밤이 깊어지다. '경심야잔(更深夜殘)'과 같은 뜻이다.
- 絳河(강하) : 은하수. '은하(銀河)'와 같다.
- 嬋娟(선연) : 자태가 아름다운 모양.
- 紅樓(홍루) : 기방(妓房). '청루(青樓)'와 같다.
- 遷延(천연) : 아무런 구속 없이 자유롭게 지내는 모양.

서울의 풍광 좋아서
젊은 시절엔
저녁의 연회를 아침까지 즐겼다.
더구나 마음껏 노는 친구들 있어
다투어 술 마시고 노래 들으며 일어설 줄 몰랐다.
이별 후 세월은 쏜살같이 흘러가
옛날에 놀던 일 꿈만 같고
안개 낀 수로의 여정은 끝이 없다.
생각하면 명성과 이익을 위해
초췌해져 언제나 얽매여 있다.
지난 일 되돌아보니
공연히 슬픈 얼굴 비참해진다.
시간이 흘러 가볍게 추위 느껴지고
점차 호각 소리는 힘없이 잦아든다.
멍하니 창가에서
등불을 끄고 새벽을 기다리며
그림자 안고 잠 못 이룬다.

帝里風光好, 當年少日, 暮宴朝歡. 況有狂朋怪侶, 遇當歌, 對酒競留連. 別來迅景如梭, 舊遊似夢, 煙水程何限！ 念利名憔悴長縈絆; 追往事, 空慘愁顏. 漏箭移, 稍覺輕寒. 漸鳴咽, 畫角數聲殘. 對閑窓畔, 停燈向曉, 抱影無眠.

- 帝里(제리) : 황제가 계시는 마을. 즉 수도를 가리킨다.
- 留連(유련) : 미련이 남아 떠나지 못하다.
- 迅景如梭(신경여사) : 베틀의 북처럼 세월이 빠르게 지나가다.
- 漏箭(누전) : 물시계에서 물의 양에 따라 부침하며 시각을 알려 주는 화살 모양의 부품. 시간 또는 세월을 가리키기도 한다.

경배

서리 내린 모래톱에 오리 내려앉고
안개 덮인 섬 위로 기러기 날아가며
가을빛을 선명히 그려낸다.
저녁 비 갓 그쳤는데
밤 되어 작은 배 정박시키고
갈대 무성한 산촌의 여관에 묵는다.
달빛 아래 바람 닿는 곳에서
피리를 부는 이 누구인가?
갖가지 이별의 슬픔을 일으키는 귀뚜라미 소리
물가의 풀숲에서 베를 짜듯 구성지게 우는구나.

傾杯

鶩落霜洲, 雁橫煙渚, 分明畫出秋色. 暮雨乍歇, 小楫夜泊, 宿葦村山驛. 何人月下臨風處, 起一聲羌笛? 離愁萬緒, 聞岸草, 切切蛩吟如織.

- 小楫(소즙) : 작은 노. 여기서는 '작은 배'를 지칭한다.
- 切切(절절) : 소리가 처량하고 구성진 것을 형용하는 말.
- 如織(여직) : 베를 짜는 듯하다. 소리가 가늘고 급하면서도 밀집되어 있음을 비유한다.

생각하면 아름다운 그녀와 이별한 후
산 넘고 물 건너 멀리 떨어졌으니
무슨 수로 소식을 전할 수 있을까?
깊숙한 규방의 그녀가
어찌 알리오, 하늘 끝의 나그네 더욱 초췌한 것을!
무산의 여인은 돌아가고
술친구도 흩어져
호탕했던 지난날 사라지고 적막하기 그지없다.
서울 쪽을 바라보면
시선이 다하는 곳에
푸름 맺힌 아득한 산봉우리뿐!

유영이 자신의 떠돌이 생활에 대한 상념을 묘사한 것인데, 그 표현 기교가 음미할 만하다. 작가는 여기서 '사물을 표현하고 뜻을 서술하기' 위해 여러 가지 경물을 짜 넣었다. 처음에는 서리 내린 모래톱에 오리가 내려앉는 것을 묘사하고, 그 다음으로 안개 덮인 섬 위로 기러기 날아가는 것을 그리고, 그 뒤에 '추색(秋色)'이라는 두 글자를 꺼냈다. 그 후 다시 저녁 비가 갓 그치고 물가 풀숲에서 구성지게 우는 귀뚜라미 소리로써 이 추색도(秋色圖)에 음향 효과를 넣었다. 감정과 의지의 서사로는 밤에 작은 배를 정박시키고 산촌에 홀로 묵는 것과 달빛 아래의 피리 소리가 외로움을 불러일으킨다는 진술로써 이별의 슬픔에 젖은 심정을 두드러지게 표현하였다. 이렇게 정(情)과 경(景)을 섞어 짜 넣고 반복적으로 서술하는 수법이 이 사(詞)를 사부(辭賦)의 면모와 비슷하게 만들었다.

爲憶芳容別後, 水遙山遠, 何計凭鱗翼? 想繡閣深沉, 爭知憔悴損, 天涯行客! 楚峽雲歸, 高陽人散, 寂寞狂踪迹. 望京國, 空目斷, 遠峰凝碧.

- 芳容(방용) : 꽃다운 얼굴. 여기서는 아름다운 여인을 지칭한다.
- 鱗翼(린익) : 물고기 비늘과 새 날개. 여기서는 이것으로 물고기와 기러기를 지칭하였다. 옛 사람들은 물고기와 기러기가 서신을 전달할 수 있는 매체라고 생각하였다.
- 繡閣深沉(수각심침) : 깊숙한 규방. 그리운 여인이 거처하는 먼 곳을 가리킨다.
- 楚峽(초협) : 무협(巫峽). 송옥의 「고당부」에 초나라 왕이 고당에 나들이하였다가 꿈속에서 신녀(神女)와 밀회를 즐기는 장면이 나오는데, 이별할 때 신녀가 "저는 무산의 남쪽 높은 언덕의 험준한 곳에 살고 있습니다. 아침에는 구름이 되고 저녁에는 비가 되어 아침저녁으로 양대(陽臺)의 아래에 있습니다."라고 말했다는 이야기가 실려 있다. 이로 인해 후인들은 '운우(雲雨)'로 남녀의 밀회를 비유하였다. 이 구절은 사랑하는 여인이 자신의 곁을 떠났다는 뜻이다.
- 高陽人(고양인) : '술친구'를 가리킨다. 『사기』의 「주건전(朱建傳)」에서 역생(酈生)이 한 고조(高祖)를 알현하길 구했을 때 "나는 고양의 술친구이지 학자가 아니다.(吾高陽酒徒也, 非儒人也.)"라고 말한 대목이 있다.
- 京國(경국) : 수도. '변경'을 가리킨다. '경사(京師)'와 같다.

과간헐근

술이 깨고
꿈도 깨니
작은 누각의 향은 연기를 내는데
침실에 드는 달빛에 그림자 이동한다.
사람은 고요한데
긴긴 밤 차가워
푸른 기와에 서리가 맺힌다.
성긴 주렴에 바람 일고
물시계 소리 은은하여
슬픔을 자아낸다.

過澗歇近

酒醒, 夢纔覺. 小閣香炭成煤, 洞戶銀蟾移影. 人寂靜, 夜永淸寒, 翠瓦霜凝. 疏簾風動, 漏聲隱隱, 飄來轉愁聽.

· 香炭(향탄) : 연소하고 나면 목탄같이 되는 향료.
· 洞戶(동호) : 그윽하고 깊숙한 내실. 침실.
· 銀蟾(은섬) : 은빛 두꺼비. 즉 달을 가리킨다.

어찌하나 이 마음
요즘엔 무료하여 언제나 병이 난 것 같다.
봉루는 지척에 있건만
가약은 아득히 정할 수 없어
몸 뒤척이며 잠 못 이루는데
베개는 싸늘하기만 하다.
반향의 연기 끊겼으니
누구와 함께 이불을 바로 펴나?

  처량한 야경을 묘사하면서 슬프고 원망에 찬 남녀 간의 애정과 그로 인한 고독의 쓰라림을 쓴 것이다. 이 사를 통해 알 수 있듯이 유영의 공헌은 긴 편폭과 변화무쌍한 구식 및 성정을 이용하여 표현하려는 감정과 의지를 충분히 발휘하고 과장했다는 데 있다. 또한 복잡한 기교와 필법을 자유롭게 채용하여 묘사하고자 하는 대상의 정황을 핍진하게 형용함으로써 "묘사하기 어려운 경치와 표현하기 어려운 감정을 자연에서 나온 것처럼 묘사하고 형용하는" 경지에 도달했다.

怎向心緒, 近日厭厭長似病. 鳳樓咫尺, 佳期杳無定. 展轉無寐, 粲枕氷冷. 香蚪煙斷, 是誰與把重衾整?

- 怎向(즘향) : 어찌 하나? '내하(奈何)'와 같다.
- 厭厭(염염) : 무료한 모양. 마음이 내키지 않는 모양.
- 鳳樓(봉루) : 여기서는 여인의 거처를 가리킨다.
- 粲枕(찬침) : 곱고 화려한 베개.
- 香蚪(향규) : '반향(盤香)'으로, 일종의 나선형 향이다.

조말리

가을이 올 때마다
어떤 상황과 정취가 더해질까?
가을바람이 일어난다
맑고 차갑게.
가을 매미 늦도록 울어
어찌나 시끄러운지 가슴이 부서지려 한다.
말하지 말게나
송옥의 많은 슬픔을.
석상도 눈물을 흘리리.

爪茉莉

每到秋來, 轉添甚況味? 金風動, 冷淸淸地. 殘蟬噪晩, 甚聒得, 人心欲碎. 更休道, 宋玉多悲, 石人也須下淚.

- 況味(황미) : 상황과 정취.
- 金風(금풍) : 가을바람. 가을은 서방(西方)에 속하고 오행(五行) 중 금(金)에 해당하므로 가을바람을 서풍(西風) 또는 금풍(金風)이라고 한다.
- 殘蟬(잔선) : 가을 매미.

이불과 베개는 차갑고
밤은 아득하여
더욱 잠 못 이룬다.
깊숙한 정원 고요한데
달빛 밝고 바람 잔잔하여
간절히 새벽이 오기를 기다리지만
어찌 견딜까?
밤은 끝이 없구나.
생각해 보면
그저 베갯머리에서
그 사람 오기를 기다려야지
꿈속에서.

쓸쓸한 가을에 솟구치는 그리움을 억제하지 못해 밤을 못 견뎌 하는 고독한 심정을 쓴 것인데, 시민 의식 및 시민 작풍과 일치되는 통속적이고 천속하며 비속하기까지 한 언어 풍격을 지니고 있다. 이와 같은 언어는 모두 구어처럼 '통속'의 특징을 충분히 드러낸다. 이러한 통속성은 '속된 것을 아름다움으로 삼은' 그의 심미 취향이 사의 언어에 두드러지게 표현된 것이다.

衾寒枕令, 夜迢迢, 更無寐. 深院靜, 月明風細. 巴巴望曉, 怎生捱? 更迢遞. 料我兒, 只在枕頭根底, 等人來, 睡覺裏.

- 迢迢(초초) : 길이 먼 모양. 시간적으로 아득한 모양.
- 巴巴(파파) : 간절히 기대하는 모양. 절실하게 바라는 모양.
- 怎生捱(즘생애) : 어찌 견딜까? '즘생(怎生)'은 '즘마(怎麽)'와 같고, '애(捱)'는 '견디다'의 뜻이다.

소년유

파릉교 옆으로 늘어선 안개 서린 나무들
풍물은 옛날과 달라진 게 없구나.
이제는 시들어 버린 해묵은 버드나무
이별 때문에 사람들이 가지를 얼마나 꺾었기에
여인의 가는 허리처럼 초췌해졌을까?

희미한 석양 아래 가을빛 완연한데
족두리풀 가득한 강 언덕에 이별의 슬픔이 솟는다.
송별의 노래 「양관곡」
애를 끊는 그 소리 다하자
나 홀로 떠나가는 배에 오른다.

유영이 장안을 떠날 때 지은 것으로, 상편에서는 이별의 장소 주변의 정경을 묘사하였고 하편에서는 이별할 때의 느낌을 적었다. 이 작품에는 '파릉교의 버들 빛', '초나라 궁녀의 가는 허리', '송별의 양관곡' 등 비교적 많은 전고가 사용되었는데, 이는 그의 작품 경향에서 드문 것으로 그의 예술 기교의 또 다른 일면을 보여 주는 것이다.

少年遊

參差煙樹灞陵橋. 風物盡前朝. 衰楊古柳, 幾經攀折, 憔悴楚宮腰.　　夕陽閒淡秋光老, 離思滿蘅皐. 一曲陽關, 斷腸聲盡, 獨自上蘭橈.

· 灞陵橋(파릉교) : '파교(灞橋)'라고도 한다. 장안(長安)의 동쪽에 있는 다리로, 옛사람들은 이 다리 가에서 떠나는 사람에게 버들가지를 꺾어 이별의 정표로 주며 송별하였다.
· 前朝(전조) : 앞선 조대(朝代). 옛날.
· 楚宮腰(초궁요) : '궁요(宮腰)'와 같다. 여인의 가는 허리를 일컫는 말.
· 閒淡(한담) : 조용하고 담박하다. 여기서는 석양빛의 희미함을 형용하였다.
· 陽關(양관) : 곡(曲) 이름으로, 「양관삼첩(陽關三疊)」을 가리킨다. 옛사람들이 주로 송별곡에 사용하였다.
· 蘭橈(난요) : '난주(蘭舟)'와 같다. 배에 대한 미칭(美稱)이다.

장원 급제의 희망은 물거품이 되고

안공자

저 멀리 강변에 가랑비 그치니
수면과 하늘에 저녁 빛 느껴진다.
모래톱에는 나들이 나온 여인들 자취 감추고
갈매기와 백로만 쌍쌍이 서 있다.
멀리 바라보니 어가의 등불 몇 개가
갈대 무성한 포구에서 깜박인다.
사공은 노를 멈추고
오순도순 사람들과 이야기 나누며
오늘밤의 여정을 말하면서
멀리 앞마을의 안개 어린 나무를 가리킨다.

安公子

遠岸收殘雨, 雨殘稍覺江天暮. 拾翠汀洲人寂靜, 立雙雙鷗鷺.
望幾點, 漁燈隱映蒹葭浦. 停畵橈, 兩兩舟人語, 道去程今夜,
遙指前村煙樹.

· 拾翠(습취) : 파랑새 깃털을 줍다. 여인의 봄나들이를 가리킨다.
· 畵橈(화요) : 채색을 한 배. '화선(畵船)'과 같다.

관직 생활에 떠도는 나그네 되어
짧은 돛대에 기대 음영하며 물끄러미 서 있다.
수많은 물과 산을 지나와 거리를 알 수 없으니
그리운 고향 땅 어디쯤일까?
이별한 뒤로
바람과 달빛 아래 정자에서 즐겁던 모임을 저버렸구나.
이별의 슬픔에
단장의 고통 이는데
두견새 울면서
나에게 돌아갈 것을 권한다.

 타향에서 떠돌며 관직 생활을 하는 작가가 멀리 떨어져 있는 고향을 그리워하는 마음을 적은 것이다. "관직 생활에 떠도는 나그네 되어" 및 "나에게 돌아갈 것을 권한다"는 현실 운명에 대한 불만과 한탄을 나타내며, 성세(盛世)에 살아간다고 해도 자기 나름대로 정치적 고민을 안고 있음을 반영한다. 진진손(陳振孫)이 유영의 사를 평하면서 "떠돌이 생활의 묘사에 더욱 뛰어났다."라고 말하였는데, 이 "더욱 뛰어났다"라는 평어는 슬픈 가을의 떠돌이 생활을 묘사한 유영의 작품들이 번화한 도시 생활을 다룬 것에 비해 사상적 성취가 높았고 따라서 사대부 문인들에게 끼친 영향도 그에 상응하여 더욱 컸음을 설명해 준다. 후대의 적지 않은 사인(詞人)들이 자신의 떠돌이 생활을 묘사한 작품에서 옛일을 애도하며 현실을 가슴 아파하는 상념과 자신의 신세에 대한 감회를 서술한 것은 아마도 유영의 영향과 무관하지 않을 것이다.

遊宦成羈旅, 短檣吟倚閑凝佇. 萬水千山迷遠近, 想鄕關何處?
自別後, 風亭月榭孤歡聚. 剛斷腸, 惹得離情苦. 聽杜宇聲聲,
勸人不如歸去.

- 羈旅(기려) : 고향을 떠나 타향에 기거하는 사람.
- 剛(강) : 마침. 바로.
- 不如歸(불여귀) : 돌아가는 것만 못하다. 옛날 중국 사람들에게는 두 견새 울음소리가 '불여귀, 불여귀(不如歸, 不如歸)'라고 말하는 것처럼 들렸다고 한다.

미신인

일엽편주의 작은 돛을 걷고서
잠시 장강의 남안에 정박한다.
저녁 무렵 외로운 성에서 호각 소리 나더니
잇달아 구슬픈 호드기 소리 울린다.
드넓은 강물
평탄한 모래톱의 기러기들이
갑자기 놀라서 흩어진다.
안개 걷히며 총총한 가을 숲 드러나니
그림 병풍을 펼쳐 놓은 듯하고
하늘 끝 멀리 작은 산들은
엷게 칠한 눈썹 같다.

迷神引

一葉扁舟輕帆卷, 暫泊楚江南岸. 孤城暮角, 引胡笳怨. 水茫茫,
平沙雁, 旋驚散. 煙斂寒林簇, 畵屛展. 天際遙山小, 黛眉淺.

- 楚江(초강) : 옛날의 초나라 땅을 경유하여 흐르는 장강(長江)을 가
  리킨다.
- 胡笳怨(호가원) :「호가십팔박(胡笳十八拍)」을 가리킨다. 전하기로는
  한나라 말엽 채염(蔡琰)이 지었다고 하는데, 그 소리가 슬프고 원망
  에 차 있다.
- 畵屛展(화병전) : 그림 병풍이 펼쳐져 있다. 눈앞의 경치가 그림 병
  풍을 펼쳐 놓은 듯하다는 말이다.
- 黛眉淺(대미천) : 눈썹 먹이 옅다. 멀리 있는 작은 산들의 흐릿한 빛
  깔을 비유한 말이다.

지난날의 즐거움을 가볍게 내던지고
여기에 온 것은 관직 때문이라네.
나그네 여정 고달프고
세월이 이미 늦은 것을 느낀다.
타향의 풍물
쓸쓸하게 다가오니
서글픈 마음 어찌 견디나?
서울은 멀고
기방은 막혀 있어
나그네 마음 어지럽기만 하다.
방초는 하늘까지 이어져 있고
석양빛은 주변에 가득 찼는데
가인은 소식이 없고
끊어진 구름만 멀리 떠간다.

 여로에서 본 경물을 묘사한 다음 그로 인해 촉발된 감회를 서술한 것인데, 내용을 살펴볼 때 관직에 얽매여 떠돌이 생활을 했던 노년기의 작품으로 보인다. 여기서 그가 잊지 못하는 것은 여전히 서울의 가인이고 그 감정도 시민 계층의 테두리를 벗어나지 못하였지만 시야가 넓어지고 사풍(詞風)도 바뀐 점이 있다. 즉 도시 사의 농염한 색채가 쓸쓸하고 처량하게 바뀌었으며 사상 감정은 상대적으로 심화되어 있다.

舊賞輕抛, 到此成遊宦. 覺客程勞, 年光晚. 異鄕風物, 忍蕭索, 當愁眼. 帝城賖, 秦樓阻, 旅魂亂. 芳草連空闊, 殘照滿. 佳人無消息, 斷雲遠.

· 舊賞(구상) : 지난날 완상하던 것. 지난날의 즐거움.
· 忍蕭索, 當愁眼(인소색, 당수안) : 슬픔에 젖은 눈으로 쓸쓸한 타향의 풍물을 차마 접할 수 없다는 말이다.
· 秦樓(진루) : 기방(妓房). 기원(妓院).

학충천

과거 시험 합격자 명단을 보니
장원 급제의 희망은 물거품이 되었다.
청명한 시대에 현자를 내쳤으니
이를 어디다 하소연하리?
순조롭게 청운의 꿈을 이루지 못했으니
어찌 마음껏 놀아 보지 않을 수 있으랴
이제 와 이해득실을 따져서 무엇 하리?
예로부터 재능 있는 사인(詞人)은
평민의 복장을 한 대신이었다지.

鶴衝天

黃金榜上, 偶失龍頭望, 明代暫遺賢, 如何向? 未遂風雲便, 爭
不恣遊狂蕩, 何須論得喪? 才子詞人, 自是白衣卿相.

- 黃金榜(황금방) : 과거 시험의 전시(殿試)에서 합격자 명단이 붙는 방(榜).
- 龍頭(용두) : '장원(壯元)'의 별칭.
- 明代(명대) : 정치가 청명한 시대.
- 遺賢(유현) : 현명한 인재를 버리다.
- 如何向(여하향) : 어찌 하나? 현대 중국어의 '怎麼辦?'과 같다.
- 風雲(풍운) : 원대한 뜻. 여기서는 과거 시험에 급제하는 것을 가리킨다.
- 得喪(득상) : 이해득실. '득실(得失)'과 같다.
- 自是(자시) : 본래. 원래. '본시(本是)'와 같다.
- 白衣卿相(백의경상) : 흰옷을 입은 경상(卿相). 평민의 복장을 한 대신. 고대에는 관직에 오르지 않은 사람은 흰옷을 입었다. 이 구절은 재능 있는 사인(詞人)은 비록 관직은 없어도 경상(卿相)과 같은 대신의 자격을 갖춘 사람이라는 뜻이다.

안개 서린 꽃 들어찬 거리에서
예전처럼 그림 병풍에 둘러싸여야지.
다행히 마음에 품은 사람 있으니
어서 찾아가 보아야지.
붉은 치마 푸른 저고리에 기대서
풍류남아의 일
평생토록 마음껏 즐기리.
곧 사라질 잠시의 청춘이니
헛된 명리에 미련이 없어
술 마시며 노래 부르는 일과 바꾸었네!

유영이 과거 시험에 거듭 떨어진 후 자신을 위해 변명한 작품이다. 이를 통해 우리는 과거 문인들이 실의했을 때의 심리 상태가 어떠했는지 그 일면을 엿볼 수 있다. 일화에 의하면 송 인종은 이 사 마지막의 "헛된 명리에 미련이 없어 술 마시며 노래 부르는 일과 바꾸었네!" 구절을 읽고 과거 시험 합격자 명단에서 그의 이름을 삭제하라고 명하고는 덧붙여서 "이 사람은 바람과 달빛 아래서 술 마시고 노래 부르기를 좋아하니, 어찌 헛된 명성을 구하겠는가? 그저 사나 지으라고 하지!"라고 말했다고 한다. 그래서 그는 낙방의 쓰라림을 달래며 "황제의 명을 받들어 사를 짓는다."라고 자조할 수밖에 없었다. 후에 그는 이름을 유영으로 바꾸고 나서야 (본래 이름은 유삼변(柳三變)) 뒤늦게 과거 시험에 합격하여 관직 생활을 할 수 있었다.

煙花港陌, 依約丹靑屛障. 幸有意中人, 堪尋訪. 且恁偎紅倚翠,
風流事, 平生暢. 靑春都一餉, 忍把浮名, 換了淺斟低唱.

· 煙花港陌(연화항맥) : 안개 서린 꽃 들어찬 거리. 즉 기녀가 거처하
  는 곳을 가리킨다.
· 偎紅倚翠(외홍의취) : 붉은 치마 푸른 저고리의 여인에게 기대다. 기
  녀와 어울리다.
· 都一餉(도일향) : 잠시에 불과하다.
· 淺斟低唱(천짐저창) : 차와 술을 따라 마시며 낮게 노래 부르다. 편
  안한 마음으로 자유롭게 흥을 돋우며 소일하는 모양.

간화회

손꼽아 보면 수고로운 인생 백 세가 기한인데
언제나 영욕이 그것을 뒤따른다.
명리에 이끌리다 보니 세월은 순식간에 지나가
해와 달 뛰고 나는 것을 어떻게 막으랴?
붉은 얼굴 백발이 되었으니
고관이 된다 한들 무슨 소용이 있으랴?

看花回

屈指勞生百歲期, 榮瘁相隨. 利牽名惹逡巡過, 奈兩輪, 玉走金飛. 紅顔成白髮, 極品何爲?

- 屈指(굴지) : 손가락을 꼽아가며 계산하다.
- 榮瘁(영췌) : 영욕(榮辱). 정치상의 득지(得志)와 실의(失意).
- 利牽名惹(이견명야) : 명리에 이끌리다. 명리에 얽매이다.
- 逡巡(준순) : 경각(頃刻). 지극히 짧은 시간.
- 兩輪(양륜) : 두 개의 바퀴. 해와 달을 가리킨다.
- 玉走金飛(옥주금비) : 달이 달리고 해가 날다. 해와 달의 운행 속도가 빠름을 가리킨다. '옥(玉)'은 '옥토(玉兎)'로 달을 지칭하고, '금(金)'은 '금오(金烏)'로 해를 지칭한다.
- 極品(극품) : 최고의 관위(官位).

세속의 일 언제나 많아 좋은 모임 드무니
어찌 얼굴을 활짝 펴지 않을 수 있겠는가?
화려한 집 깊숙한 곳에서 노래 부르고 연주하니
술과 여인으로 흥을 돋우지 않을 수 없구나.
취향의 풍경 좋으니
손 붙잡고 함께 돌아가세.

유영은 한편으로 봉건적인 부귀공명에 열중하였지만 다른 한편으로 실의의 시기에는 공명을 부정하는 한탄의 소리를 내면서 시민 계층의 세속적인 생활을 동경하였다. 이 작품을 통해 알 수 있듯이 그가 과거에 급제하기 전에는 후자의 정서가 각별히 짙게 표현되어 있다. 이때의 유영은 부귀와 공명을 "명예와 이익의 감옥"으로 간주하고 "날 버리지 못하도록, 언제나 함께하며, 한가히 바느질거리 잡고 그이 곁에 붙어 있을 것을!"의 정취를 생활의 주된 이상으로 삼았다. 이와 같은 생활 이상은 정통 사대부에게는 자못 파격적이고 참을 수 없을 정도로 비속한 것이었다. 그러나 다른 면에서는 세속 생활(특히 세속의 애정 생활)에 열중하는 시민 계층의 인생관과 행복관을 나타낸 것이어서 모종의 새로운 시대 정보를 전달했다고 할 수 있다.

塵事常多雅會稀, 忍不開眉? 畵堂歌管深深處, 難忘酒盞花枝.
醉鄕風景好, 携手同歸.

- 忍不(인불) : 어찌 차마 ……하지 않을 수 있으랴? '즘인불(怎忍不)'
  과 같다.
- 酒盞花枝(주잔화지) : 술잔과 꽃가지. 술과 아름다운 여인을 가리킨다.

소년유

장안 가는 옛길을 말은 터벅터벅 걷고
높다란 버드나무에선 매미 소리 요란하다.
멀리 섬 너머로 석양은 기울고
들판에는 쌀쌀한 가을바람 몰아치는데
사방을 둘러보니 망망한 하늘뿐이다.

구름은 돌아가고 나서 종적이 없으니
지난날의 기약을 어디서 찾을 것인가?
기방의 흥취도 시큰둥해지고
술친구들도 내 곁을 떠나고 말아
이제는 젊은 시절의 내가 아니다.

유영 만년의 작품으로. 인생 만년의 비감을 토로한 것이다. 쓸쓸한 가을에 의지할 곳 없는 나그네 신세 되어 말에 의지하여 장안으로 가는 길을 터벅터벅 걷는다는 표현은 이미 그가 벼슬길에서 실의했음을 나타낸다. 더구나 후반부에서 토로하고 있듯이 이제는 젊은 날의 혈기도 사라져 버렸다. 작품 전체가 쓸쓸하고 암울한 색조로 뒤덮여 있는 이 사는 독특한 인생 경력을 지닌 작가 만년의 심정을 호소력 있게 전달하고 있다.

少年遊

長安古道馬遲遲, 高柳亂蟬嘶. 夕陽島外, 秋風原上, 目斷四天垂.　　歸雲一去無蹤迹, 何處是前期? 狎興生疏, 酒徒蕭索, 不似少年時.

· 遲遲(지지) : 천천히 걷는 모양. 느릿느릿 걷는 모양.
· 目斷(목단) : 아무리 바라보아도 보이지 않다. '망단(望斷)'과 같다.
· 歸雲(귀운) : 돌아간 구름. 여기서는 자신의 떠나간 연인을 비유하였다.
· 前期(전기) : 지난날의 기약.
· 狎興(압흥) : 기방에서의 흥취.
· 蕭索(소삭) : 적막하고 쓸쓸하다.

태평성대라 하거늘

쌍성자

저녁 하늘 쓸쓸한데
바람에 날리는 민들레 홀씨처럼
내키는 대로 배에 올라 동쪽으로 왔다.
삼오 지역의 풍경 속에
고소(姑蘇)의 누대가
저녁 안개 걷히니 퇴락한 모습 드러난다.
부차의 옛 도읍
꽃향기 가득했던 길은 없어지고
황량한 구릉만 남아 있구나.
지난날 번화하던 곳
아무것도 보이지 않고
사슴들 우는 소리만 들린다.

雙聲子

晚天蕭索, 斷蓬踪迹, 乘興蘭棹東遊. 三吳風景, 姑蘇臺榭, 牢落暮靄初收. 夫差舊國, 香徑沒, 徒有荒丘. 繁華處, 悄無睹, 惟聞麋鹿呦呦.

- 蕭索(소삭) : 쓸쓸한 모양.
- 斷蓬(단봉) : 뿌리 뽑힌 봉(蓬). 봉은 일종의 초본식물로 흰 꽃이 피는데, 종종 바람에 뿌리가 뽑혀 공중에 날린다. 우리나라에서 봄에 뜯어 떡을 해 먹거나 국을 끓이는 데 사용하는 쑥과는 다르다. 여기서는 독자들이 이해하기 쉽도록 의역하였다.
- 蘭棹(난도) : 채색을 한 배에 대한 미칭. '난주(蘭舟)'와 같다.
- 姑蘇臺榭(고소대사) : '고소대(姑蘇臺)'를 가리킨다. 지금의 강소성 소주시 남서쪽의 고소산(姑蘇山)에 있다. 춘추시대에 오(吳)나라 왕 부차(夫差)가 서시(西施)와 함께 이곳에서 연회를 즐겼다고 한다.
- 牢落(뇌락) : 퇴락하다. 사람의 손길이 닿지 않아 허물어지다.
- 麋鹿(미록) : 큰 사슴과 사슴.
- 呦呦(유유) : 사슴이 우는 소리.

그때를 회상해 보면
부질없이 결전을 획책하며
패왕이 되려고 쉴 새 없이 싸웠지.
강산은 그림 같은데
안개 낀 물결 헤치고
편주 타고 떠난 범려만 못하다네.
옛날의 경전과 역사를 들춰 보아도
당시의 대단했던 일 헛되이 기록했구나.
석양 속에 잡초만 끝없이 우거져
만고의 슬픔을 자아낸다.

유영이 나그넷길을 떠나 소주(蘇州)에 갔을 때 고소대에 올라가 지은 것으로, 송사 중에서는 초기의 회고(懷古) 작에 속한다. 이 사는 늦가을을 배경으로 하여 옛일을 애도하며 현실을 가슴 아파하는 역사의식과 사상적 깊이를 갖추고 있다. 특히 "강산은 그림 같은데, 안개 낀 물결 제치고" 두 구는 경계가 탁 트였고, "석양 속에 잡초만 끝없이 우거져, 만고의 슬픔을 자아낸다."는 감개가 깊어서 소식(蘇軾)의 「염노교(念奴嬌)―적벽회고(赤壁懷古)」의 의경을 연상케 한다. 이와 같은 작품은 부분적으로 염정(艷情)의 테두리를 벗어났다고 할 수 있으며 아울러 현재는 태평성대라고 해도 '번영이 오래되면 반드시 쇠퇴한다.'라는 이면이 있음을 완곡하게 드러냈다고 하겠다.

想當年, 空運籌決戰, 圖王取覇無休. 江山如畵, 雲濤煙浪, 翻輸范蠡扁舟. 驗前徑舊史, 嗟漫載, 當日風流. 斜陽暮草茫茫, 盡成萬古遺愁.

- 運籌決戰(운주결전) : 군사 행동을 획책하여 결전하다.
- 圖王取覇(도왕취패) : 패왕(覇王)이 되려고 도모하다.
- 翻輸(번수) : 오히려 ……만 못하다.
- 范蠡(범려) : 춘추시대 말년에 월(越)나라 왕 구천(勾踐)을 도와 오나라를 멸망시키고 부차에게 당했던 치욕을 갚는 데 성공하였지만 공을 이룬 후에는 일엽편주에 몸을 싣고 구천을 떠났다고 한다.
- 前經舊史(전경구사) : 옛날의 경전과 역사 기록.
- 風流(풍류) : 걸출한 인물과 사건을 가리킨다.

자해가

바닷물 달이는 백성들은 무엇으로 살아갈까?
아내에겐 누에와 베틀이 없고 남편에겐 밭이 없다.
의식(衣食)의 원천이 너무나도 보잘것없는데
소금을 달여서 그대들은 세금을 내야 한다.
해마다 봄 여름에 조수가 개펄을 뒤덮으면
조수가 물러난 뒤 개펄 흙 쌓은 것이 섬처럼 크다.
바람에 마르고 햇볕을 쪼이면서 염분이 증가하면
비로소 바닷물을 다시 끌어들여 간수를 만든다.
간수는 탁하고 염분은 묽어서 쉴 새도 없이
땔감을 찾아 끝없이 산 깊숙이 들어간다.
표범과 호랑이의 자취를 보아도 피하지 못하고
아침 해와 함께 나서서 해질 무렵에야 돌아온다.

煮海歌

煮海之民何所營, 婦無蠶織夫無耕.
衣食之源太寥落, 牢盆煮就汝輸征.
年年春夏潮盈浦, 潮退刮泥成島嶼.
風乾日曝鹽味加, 始灌潮波壩成鹵.
鹵濃鹽淡未得閑, 採樵深入無窮山.
豹踪虎跡不敢避, 朝陽出去夕陽還.

- 營(영) : 생계를 도모하다.
- 寥落(요락) : 보잘것없다. 희소하다.
- 牢盆(뇌분) : 소금을 달이는 기구.
- 輸征(수정) : 납세. 소금을 달이는 곳을 정장(亭場)이라고 하고 그곳의 주민을 정호(亭戶) 또는 조호(竈戶)라고 하는데 호(戶)마다 염정(鹽丁)이 있다. 달여서 만든 소금은 관가에 바치고 환산하여 세금으로 충당해야만 했다.
- 泥成島嶼(니성도서): 해마다 음력 8월에 소금 달이기가 시작되어 그 준비로 소금을 함유한 개펄 흙을 모아 쌓아 두는데 그 크기가 엄청나 섬처럼 보인다는 말이다.
- 壩(류) : '류(溜)'와 통하여 흘러 움직인다는 뜻이다. 이 구절은 개펄 흙이 바람에 마르고 햇볕에 쪼여 염분이 증가하면 다시 바닷물을 끌어들여 소금기가 흘러나오게 해 소금을 달여 내기 좋게 한다는 말이다.

배에 싣고 어깨에 메고 와 조금도 쉬지 못하고
거대한 부뚜막에 집어넣고 뜨겁게 불을 지핀다.
높이 쌓아 놓고 아침저녁으로 계속 불을 때야
끓어오르는 간수가 백설 같은 소금으로 변한다.
고인 물 같았던 간수가 흩날리는 서리가 되면
이를 몽땅 담보로 하여 말린 양식을 꾼다.
무게 달아 관가에 납품하지만 대금은 형편없고
한 꿰미의 빚을 왕왕 열 꿰미로 갚아야 한다.
생산을 끝내면 휴식도 없이 다시 시작해야 하니
세금도 다 바치지 못했는데 상인들은 빚 독촉한다.
처자를 몰고 쫓으며 소금 만드는 일을 부과하니
사람 모습은 갖추었으되 누렇게 뜨고 야위었다.

船載肩擎未遑歇, 投入巨竈炎炎熱.
晨燒暮爍堆積高, 才得波濤變成雪.
自從瀉鹵至飛霜, 無非假貸充餱糧.
秤入官中充微值, 一縕往往十縕償.
周而復始無休息, 官租未了私租逼.
驅妻逐子課工程, 雖作人形俱菜色.

- 飛霜(비상) : 여기서는 하얀 소금을 형용한다. 육조(六朝)의 장융(張融)은 바닷물을 달여 소금을 만드는 것을 형용하여 "모래를 걸러서 흰 것을 만들고, 물결을 달여서 흰 것을 낸다. 쌓인 눈이 봄의 가운데 있고, 흩날리는 서리가 길을 찐다.(瀘沙構白, 熬波出素. 積雪中春, 飛霜暑路.)"라고 하였는데, 유영이 그의 시구를 차용하였다.
- 一縕往往十縕像(일민왕왕십민상) : 소금을 담보로 하여 빌린 식량을 갚을 땐 왕왕 열 배로 갚아야 한다는 말이다.
- 俱菜色(구채색) : 굶어서 얼굴빛이 누렇게 뜨고 야위었음을 형용한다.

바닷물을 달이는 백성들은 얼마나 고달픈가!
어찌하면 어버이 부유하고 자식들 빈궁하지 않을까?
우리 왕조는 어느 하나 잘못한 것 없으니
황제의 은덕이 바닷가까지 뻗치기를 바란다.
전쟁이 완전히 끝나 세금 납부가 멈추어지고
임금님 재물에 여유가 있어 염세와 철세가 폐지되었으면!
태평성대를 이룩하는 재상의 일이 소금과 같으니
하(夏), 상(商), 주(周) 삼대 시절을 회복할 수 있기를!

유영의 사집(詞集) 『악장집(樂章集)』에 실린 작품들은 대개 당시 호화로운 성황을 읊는 것들이었다. 송 인종 42년 동안의 태평스러운 모습은 전부 유영의 사에 그려져 있다는 송인들의 말이 있을 정도였다. 그러나 여기에 뽑은 시 한 수는 『악장집』으로는 결코 유영의 전모를 개괄할 수 없다는 것을 보여 주고, 그의 성격과 송 인종의 태평성대에 대하여 다른 각도에서 살펴보게 한다. 이 시는 왕면(王冕)의 「상정호(傷亭戶)」와 함께 송·원 양 대에서 염민(鹽民)들의 생활을 가장 비통하고 절실하게 그렸다고 할 수 있는데, 원대(元代) 풍복경(馮福京) 등이 엮은 『창국주도지(昌國州圖志)』 권6에 보인다. 창국(昌國)은 현재의 절강성 정해현(定海縣)이며, 유영은 그곳에서 효봉염장(曉峯鹽場)의 감독관을 지낸 적이 있다.

煮海之民何苦辛, 安得母富子不貧.
本朝一物不失所, 願廣皇仁到海濱.
甲兵淨洗征輸輟, 君有餘財罷鹽鐵.
太平相業爾惟鹽, 化作夏商周時節.

· 母子(모자) : 정부와 백성들을 비유한 말이다.
· 甲兵淨洗(갑병정세) : 갑옷과 병기를 깨끗이 씻다. 즉 전쟁이 완전히 끝났다는 말이다.
· 罷鹽鐵(파염철) : 염세(鹽稅)와 철세(鐵稅)를 폐지하다. 송대에는 염세와 철세를 전담하는 염철사(鹽鐵使)라는 관직이 있었다.
· 相業爾惟鹽(상업이유염) : 『서경(書經)』의 「열명(說命)」, 『여씨춘추(呂氏春秋)』의 「본미편(本味篇)」 등에는 모두 나라를 다스리는 것을 요리에 비유하였는데, 그렇다면 재상의 역할은 맛을 내는 조미료와 같을 것이다. 유영은 백성들이 소금을 달여 세금을 내는 고통을 서술하고 「열명」의 "만약 국에 간을 맞추려면 오직 소금과 매실뿐이다.(若作和羹, 爾惟鹽梅.)"라는 구절을 연상하여 재상이 된 자가 소임을 다하여 이른바 '삼대지치(三代之治)'를 회복하기를 소망하였다.

작품 해설

1

 사(詞)는 일종의 시체(詩體)이지만 시와는 달리 노래로 부르기 위해 쓴 가사이므로 '곡자사(曲子詞)'라고도 하였다. 근체시(近體詩)가 글자 수, 구절 수, 평측(平仄), 압운(押韻), 대장(對仗) 등에 제목과 상관없이 고정된 격식을 갖고 있는 반면에 사는 제목에 따라 각기 다른 격식을 지니고 있어서 제목이 다르면 위의 요소들이 달라진다. 근체시의 경우 제목은 내용과 연관될 뿐 형식을 제약하지 않지만 사의 제목은 노래로 부를 때의 곡조, 즉 악보와 연관되어 있기 때문에 제목이 다르면 곡이 달라진다. 다시 말하면 시의 제목은 내용이 무엇인가를 알려 주는 반면에 사의 제목은 노래로 부를 때의 멜로디가 무엇인가를 알려 준다. 따라서 시는 기본적으로 하나의 제목 아래 하나의 작품만이 존재하지만 사는 같은 제목의 여러 작품이 존재할 수 있다. 이를테면 하나의 멜로디에 여러 개의 가사를 붙일 수 있는 것이다.
 예를 들어 보자. 시에서 '춘망(春望)'이라는 제목을 보면 우리는 자연스럽게 "국파산하재, 성춘초목심(國破山河在, 城春草木深)"으로 시작되는 두보(杜甫)의 시를 떠올릴 수 있다. 그러나 사에서는 '소년유(少年遊)'라는 제목만 보면 우리는 이것이

어떤 멜로디를 지니고 있는지만 알 수 있을 뿐 누구의 작품인지, 구체적으로 어떤 가사인지는 전혀 알 수 없다. 왜냐하면 '소년유'라는 제목의 사를 쓴 작가가 수백 명에 달하고 유영(柳永)만 해도 여러 수를 썼기 때문이다.

　사는 일반적으로 먼저 곡을 지어 놓고 그 곡에 제목을 붙인 다음, 그 사조에 따라 가사를 채워 넣는 방식으로 창작되었다. 이렇게 창작된 곡조를 사조(詞調)라고 하고 사조에 붙인 제목을 사패(詞牌)라고 한다. 물론 하나의 사조가 등장하는 초기에는 가사를 먼저 짓고 나서 곡을 붙인 경우도 있었다. 사를 짓는 작가들은 멜로디의 분위기에 따라 가사를 써서 노래가 훌륭해지는 데 주력하고 시처럼 자구의 절묘한 배합 등에는 상대적으로 신경을 쓰지 않았다. 오늘날 대중가요에서 한 박자를 하나의 음절로 노래해도 되고 둘 이상의 음절로 노래해도 되듯이 사의 작가는 기본적으로 악보에 따라 가사를 짓지만 필요에 따라 글자 수를 약간 가감할 수도 있고 평측의 운율도 조정할 수 있었다. 초기의 사가 종종 한 사조에 여러 변체가 있었던 것은 바로 이 때문이다.

　그러나 송(宋) 이후 악보가 점점 없어지고 사의 음악을 이해하는 사람들도 줄어들어 점차 가사의 내용에 중점을 두고 가창 부분은 소홀히 하게 되었다. 그리하여 후인들은 악보를 완전히 도외시한 채 옛 사람들이 지어 놓은 가사를 참작하여 그 형식에 따라 글자를 채워 넣는 방식으로 사를 지었다. 이것을 사보(詞譜)에 의거하여 전사(塡詞)한다고 한다. 이렇게 사는 격식이 엄격하게 고정된 순수 문학의 양식으로 변모하였다.

2

유영은 북송(北宋)의 번영기에 활약한 대표적인 사(詞) 작가이다. 그가 주로 활동한 진종(眞宗) 후기부터 인종(仁宗)에 이르는 기간에 북송 왕조는 정치적 안정을 바탕으로 도시 경제가 발달하여 시민 계층이 새롭게 문화 향유층으로 대두하였다. 그에 따라 당시 오락 문학의 총아였던 사에 대한 수요가 시민 계층을 중심으로 폭발적으로 증대하였는데, 이들의 요구에 부응하여 시민 문학으로서 사를 대량으로 창작한 사람이 유영이다.

유영은 자(字)가 기경(耆卿)이고 본래 이름은 삼변(三變)이었으며 복건성(福建省) 숭안(崇安) 사람이다. 그의 선조가 산서성(山西省) 하동(河東)에서 숭안 오부리(五夫里)의 금아봉(金鵝峰) 아래로 이사해 왔다. 조부의 이름은 숭(崇)이고 유학(儒學)으로 저명하였다. 부친 의(宜)는 남당(南唐)에서 감찰어사(監察御史)를 지냈고, 송에 들어와서는 관직이 공부시랑(工部侍郎)에까지 올랐다. 숙부 선(宣), 치(寘), 굉(宏) 등도 모두 일찍이 관리의 명부에 올랐다. 이렇게 유영은 대대로 유학자 관리의 집안에서 태어났다.

유영의 생년에 대해서는 학자에 따라 추정 연도의 차이가 크게는 10여 년이나 난다.[1] 그가 진사에 급제한 연도에 대해서는 일반 사람들 모두 『능개재만록(能改齋漫錄)』 권16의 "경

---

[1] 유영의 생년을 육간여(陸侃如)는 990년, 당규장(唐圭璋)은 약 987년, 임신초(林新樵)는 984년, 이국정(李國庭)은 980년, 이사영(李思永)은 약 971년이라고 고증하였다.

우(景祐) 원년에 이르러 비로소 급제하였다."라는 설에 의거하여 1034년으로 정하였다. 그러나 생년이 확정되지 않은 까닭에 그가 그때 몇 살이었는지 알 수가 없다. 다만 정황을 따져 볼 때 그는 젊어서 득의한 사람은 아니었고 쉰이 다 되어서야 비로소 간신히 관복을 입었다.

진사과에 합격하고 그는 목주(睦州) 단련추관(團練推官), 여항(餘杭) 현령(縣令), 정해(定海) 효봉염장감찰관(曉峰鹽場監察官), 사주(泗州) 판관(判官) 등의 말단 관직을 역임하였다. 둔전원외랑(屯田員外郞)으로 관직을 마쳤기에 세상 사람들은 그를 '유둔전(柳屯田)'이라고 칭하기도 했다. 대략 인종 황우(皇祐) 5년(1053)에 죽었는데 그때 이미 일흔 또는 여든 살 가까이 되었다. 그가 죽은 뒤의 사정도 매우 처량해서 관이 절에 방치되어 있다가 나중에 다른 사람이 돈을 내어 그제야 장사를 지냈다고 한다. 이상의 경력으로 볼 때 유영은 참으로 '관계(官界)에서 실의한' 불행한 사람이었다.

그러나 그와 동시에 유영은 '애정 세계에서 득의한' 행운아이기도 했다. 나엽(羅燁)의 『취옹담록(醉翁談錄)』「병집(丙集)」권2에서 "유영은 서울에 머물면서 쉬는 날에는 기관(妓館)을 편력하였다. 이르는 곳마다 기생들은 그가 사로써 명성이 높고 궁조(宮調)를 바꿀 수 있음을 좋아하였는데, 일단 그의 품평을 거치면 가치가 열 배로 뛰었다. 기생들은 대부분 그에게 금품과 물자를 주었다."[2)]라고 하였고, 『피서록화(避暑錄話)』

---

2) "耆卿居京華, 暇日遍遊妓館. 所至, 妓者愛其有詞名, 能移宮換羽, 一品經題, 聲價十陪. 妓者多以金物資給之."

권3에서 "유영이 거자(擧子)였을 때 자주 화류계의 골목에서 놀았고 가사를 잘 지었다. 교방의 악공들이 새로운 곡을 얻을 때마다 반드시 유영에게 가사를 구했다."[3)]라고 한 것을 보면, 그가 풍류와 재능으로 무수한 기루(妓樓) 가기(歌妓)들의 총애를 받았음을 알 수 있다. 지금까지 전해지는 많지 않은 화본소설(話本小說) 중에서 유영과 가기의 연애를 다룬 작품이 두 편 있고(『유기경시주완강루기(柳耆卿詩酒玩江樓記)』와『중명기춘풍조유칠(衆名妓春風弔柳七)』), 희문(戲文) 및 잡극(雜劇)과 원본(院本) 중에도 화본과 같은 제목의『시주완강루(詩酒玩江樓)』및『전대윤지총사천향(錢大尹智寵謝天香)』,『풍류총(風流冢)』,『변유칠(變柳七)』』등의 작품이 있다. 다음의 예를 보자.

어찌 손꼽아 지난 일을 회상할 수 있으랴?
명성도 봉급도 없던 시절
화려한 기방의 거리에서
언제나 해를 거듭하며 소일했었지.

那堪屈指, 暗想從前? 未名未祿, 綺陌紅樓, 往往經歲遷延.
——「척씨(戚氏)」에서

서울에서 그 당시
불 밝힌 밤 화려한 대청에서

---

3) "永爲擧子時, 多遊狹邪, 善爲歌辭. 教坊樂工, 每得新腔, 必求永爲辭."

백만 금을 걸고 호로[4]를 즐겼고

봄바람 부는 채색 누각에서

만 금을 주고 술을 사 마셨지.

그때는 몰랐다네 무슨 멋이었는지를

연회에서 음악을 잊고

취하여 꽃을 찾을 수 없었던 것이.

帝城當日, 蘭堂夜燭, 百萬呼盧; 畵閣春風, 十千沽酒. 未省, 宴處能忘弦管, 醉裏不尋花柳.

——「적가농(笛家弄)」에서

서울이 그립나니

금곡의 뜰과 숲

평강의 골목길

가는 곳마다 번화하였네.

연일 방탕하며

저버린 적 없었네

한 조각 마음과 두 눈을.

戀帝里, 金谷園林, 平康巷陌, 觸處繁華. 連日疏狂, 未嘗輕負,

---

4) 옛날에 하던 일종의 도박으로, '저포(樗蒲)' 또는 '오목(五木)'이라고도 하였다. 나무를 깎아 만든 다섯 개 패를 사용하는데, 각 패마다 한 면은 검게 칠하여 송아지를 그려 놓고 다른 한 면은 희게 칠하여 꿩을 그렸다. 패를 던져서 모두 검은 면이 나오면 '로(盧)'라고 하여 1등으로 이기게 된다. 패를 던질 때 큰 소리로 외치며 모두 검은 면이 나오기를 바라므로 '호로(呼盧)'라고 불렀다.

寸心雙眼.

——「봉귀운(鳳歸雲)」에서

생각하면 여인들이 과일을 던져 주는 준수한 벗들[5]
갓끈을 끊어 버린 즐거운 연회[6]
당시엔 정말 흠뻑 마셨다네.
제비가 곡예를 넘듯 춤추고
옥구슬 꿰듯 노래 부르게 하여
화려한 연회를 벌이니
참으로 신선의 풍류였다네.
밤이 깊어지면 방탕함이 심해져
서로가
봉황 휘장의 원앙 침상에 들었네.

念擲果朋儕, 絶纓宴會, 當時曾痛飮. 命舞燕翩翩, 歌珠貫串; 向
玳筵前, 盡是神仙流品. 至更闌, 疏狂轉甚; 更相將, 鳳幃鴛寢.

——「선청(宣淸)」에서

---

5) 『진서(晉書)』의 「반악전(潘岳傳)」에 의하면 반악은 용모가 수려하여 젊었을 때 활을 차고 낙양(洛陽)의 거리에 나가면 부인들이 그를 둘러싸고 과일을 던져 주었다고 한다.
6) 한(漢) 유향(劉向)의 『설원(說苑)』「복은(復恩)」에 전국시대 초(楚) 장왕(莊王)이 여러 신하들에게 주연을 베푼 기록이 있다. 날이 어둡고 술이 거나해졌을 때 갑자기 등불이 모두 꺼지자 누군가가 미인의 옷을 잡아당겼다. 미인은 그 사람의 갓끈을 끊고서 왕에게 불을 밝혀 그 사람을 색출해 줄 것을 요청하였다. 왕은 그 자리에 있던 모든 사람들에게 스스로 갓끈을 끊으라고 명령한 뒤 불을 밝히고는 계속해서 즐겁게 놀았다고 한다.

바로 위의 묘사와 같은 신중치 못한 생활과 함께 그의 사가 "정도에서 벗어나 속됨을 따르니, 천하가 그것을 읊조린다."[7] 라는 명성이 벼슬길에서 비극을 초래하였다. 송 인종은 그의 사 「학충천(鶴沖天)」에서 "헛된 명성 갖는 데 미련이 없어, 술과 노래로 바꾸었네."[8]라는 구절을 보고 진사 급제자의 명단에서 그를 삭제해 버리고는 덧붙여서 "이 사람은 바람과 달빛 아래서 술 마시고 노래 부르기를 좋아하니, 어찌 헛된 명성을 구하겠는가? 그저 사나 지으라고 하지!"[9]라고 말했다고 한다. 당시 재상이었던 안수(晏殊)도 "한가히 바느질거리 잡고 그이 곁에 붙어 있을 것"이라는 구절을 트집하며 관직을 바꿔 주지 않아 그는 "황제의 명을 받들어 사를 짓는다."라고 자조할 수밖에 없었다. 이름을 유영으로 바꾸고 나서야 만년에 진사가 되어 관직을 옮길 수 있었다.

  그의 사에 나타난 최대의 특색은 '세속화'이다. 이와 같은 생활 이상의 '밑으로의 전이' 경향은 송대 시민 계층의 사상 의식을 반영한다. 그들은 상층 사회의 귀족 생활이 부럽기는 하지만 그것을 획득할 수 없으므로 차라리 세속 생활 속에서 얻을 수 있는 행복을 추구하는 것이 훨씬 더 실질적인 이익이라고 생각하였다. 그런 까닭에 그들의 생활 이상 속에서는 봉건 인사들이 집착하는 '공을 세운다'는 기대와 역사에 이름을 남기겠다는 의지가 사라지고, 평범하지만 달콤하고 유쾌한 생

---

7) "骫骳從俗, 天下咏之." (『후산시화(後山詩話)』)
8) "忍把浮名, 換了淺斟低唱."
9) "此人風前月下, 好去淺斟低唱, 何要浮名? 且填詞去!" (『능개재만록(能改齋漫錄)』 권16)

활을 갈망하게 되었다. 무슨 국가 대사니 성현 호걸이니 하는 것들은 그들과 상관없는 일이었다. 이와 같은 생활 이상으로 말미암아 그들은 심미 취향 속에 더욱 많은 '세속'과 '평범함'의 성분을 지니게 되었고, 이전 시대 문인들이 갖고 있던 낭만주의와 이상주의의 색채가 크게 감소하였으며, 동시대 문인들이 애써 추구하던 '전아미(典雅美)'의 심미 관념과도 취향을 달리하게 되었다. 시민 계층의 이와 같은 사상 의식은 유영의 사에 집중적으로 반영되어 북송의 문단에 시민 문학의 서막을 열었다.

 유영의 사는 『악장집(樂章集)』에 모두 200여 수가 수록되어 있는데, 그 내용을 살펴보면 첫째, 태평성대의 기상을 구가한 작품, 둘째, 여인과의 풍류를 노래한 작품, 셋째, 사랑이나 이별, 그리움을 읊은 작품, 넷째, 떠돌이 생활의 고독과 우수를 토로한 작품, 다섯째, 벼슬길에서의 실의와 좌절을 그린 작품이 주류를 이룬다. 그밖에도 영물사(詠物詞), 회고사(懷古詞), 응제사(應製詞) 등이 있다. 이 가운데서 시민들이 가장 애호했던 것은 사랑하는 남녀를 위한 정열의 노래였다. 젊은 시절 화류계에 몸담았던 유영의 특이한 경험 덕에 남녀 간의 애정 의식을 사람들에게 감동적으로 전달할 수 있었던 것이다. 그의 대표작 중 하나인 「우림령(雨霖鈴)」을 비롯한 많은 작품들은 당시 시민들에게 새로운 시대정신을 일깨워 주었다. 그것은 이전의 시문(詩文)에서는 정면으로 대담하게 묘사할 수 없었거나 묘사하려고 하지 않았던 남녀 간의 연정이 바로 우리들 삶의 중요한 부분이며, 따라서 문학의 무대에 정면으로 나설 가치가 있다는 깨달음이었다. 더욱이 그 무대의 주인공이 특수한 신분이 아니라 평범한 보통 사람들이라며 시민들은 유영의 사를 문단의 주제곡으로 간주하고 열창하였다.

북송의 도시 생활에는 사대부 또는 귀족 관료의 생활권과 시민의 생활권이라는 두 개의 영역이 존재하였다. 유영이 처한 사회적 지위는 이 두 생활권이 맞물린 중첩 지대에 놓여 있었다. 유영의 가문과 그가 받은 문화 교육은 전자에 속하지만 오랫동안 떠돌면서 사회 하층으로 떨어지기도 하였다. 그 후 유영은 다시 사대부의 생활권으로 되돌아간다. 그러나 구양수(歐陽修) 등이 어쩌다가 세속의 생활에 발을 들여놓은 것에 비하면 유영의 몸에 찍힌 시민 생활의 낙인은 상당히 깊은 것이다. 그런 까닭에 그의 생활 이상과 사상 색채는 더욱 분명하게 양면성을 띤다. 한편으로 그는 봉건적인 부귀공명에 열중하였지만 다른 한편으로 실의의 시기에는 공명을 부정하는 불만의 소리를 내면서 시민 계층의 세속 생활을 동경하였다. 그가 과거에 급제하기 전에 지은 사를 보면 후자의 정서가 각별히 짙게 드러난다. 앞에서 예로 들었던 "헛된 명성을 갖는 데 미련이 없어, 술과 노래로 바꾸었네."와 "예로부터 재능 있는 사인은 평민의 복장을 한 대신이었다지."[10]가 그 전형적인 표현이다. 이 외에도 그의 작품 속 여러 곳에서 그와 같은 표현을 볼 수 있다. 다음 예를 보자.

---

10) "才子詞人, 自是白衣卿相." (「학충천(鶴沖天)」)

손꼽아 보면 수고로운 인생 백세가 기한인데
언제나 영욕이 그것을 뒤따른다.
명리에 이끌리다 보니 세월은 순식간에 지나가
해와 달 뛰고 나는 것을 어떻게 막으랴?
붉은 얼굴 백발이 되었으니
고관이 된다 한들 무슨 소용이 있으랴?

세속의 일 언제나 많아 좋은 모임 드무니
어찌 얼굴을 활짝 펴지 않을 수 있겠는가?
화려한 집 깊숙한 곳에서 노래 부르고 연주하니
술과 여인으로 흥을 돋우지 않을 수 없구나.
취향의 풍경 좋으니
손 붙잡고 함께 돌아가세.

屈指勞生百歲期, 榮瘁相隨. 利牽名惹逐巡過, 奈兩輪・玉走金飛.
紅顔成白髮, 極品何爲? 塵事常多雅會稀, 忍不開眉? 畵堂歌管深
深處, 難忘酒盞花枝. 醉鄕風景好, 携手同歸.

—「간화회(看花回)」에서

이처럼 세월이 재촉하니
공허한 인생 생각하면
백 년을 채우지 못하네.
비록 고관이 되어
화려한 저택에 산다고 해도

나에게 무슨 보탬이 되리오?
마음을 수고롭게 할 뿐이니
이익과 봉록을 꾀함은 좋은 계책이 아닌 것 같네.
이렇게 생활 노래 감상하며
비단 자리를 찾아 소일하는 것이 나으리.

似此光陰催逼, 念浮生, 不滿百. 雖照人軒冕, 潤屋珠金, 于身何益? 一種勞心力, 圖利祿, 殆非長策. 除是恁, 點檢笙歌, 訪尋羅綺消得.

— 「미범(尾犯)」에서

이때 유영은 부귀와 공명을 "명예와 이익의 감옥"으로 간주하고 남녀 간의 애정에 충실한 것을 생활의 주된 이상으로 삼았다. 이와 같은 생활 이상은 정통 사대부에게는 자못 파격적이고 참을 수 없을 정도로 비속한 것이겠지만 세속 생활, 특히 세속의 애정 생활에 열중하는 시민 계층의 인생관과 행복관을 나타낸 것이어서 모종의 새로운 시대 정보를 전달한 것이다.

생활은 예술을 결정하므로 생활의 이상과 정취는 작품에 반영되기 마련이다. 따라서 유영의 사에는 정통 사대부 문인의 사에 드물게 보이는 특성, 즉 '속된 것을 아름다움으로 삼는' 특성이 나타났다. 어떤 의미에서 보면 이것은 일종의 퇴보 또는 품격의 하락이라고 말할 수 있으므로 그와 같은 경향과 특색은 자연히 천박과 비속 등의 결점을 낳기도 하였다. 그러나

우리는 그와는 별도로 다음의 세 가지 점을 주시해야 한다.

첫째, 유영의 사에 출현한 새로운 심미 취향은 일정한 합리성을 지니고 있다. 송대는 도시 경제의 고도 발전으로 인하여 시민 계층이 경제생활 무대에 신흥 역량으로 등장하였고, 그에 따라 문학의 영역에서도 그들의 생활 이상과 심미 취향이 필연적으로 반영된 것이다. 둘째, 문학은 바로 '인학(人學)'이므로 그 제재와 그것이 체현하는 심미 취향은 폭이 넓어야 할 것이다. 물론 속된 것을 아름다움으로 삼은 유영 사의 심미 취향은 어떤 의미에서는 전통적인 심미 관념 및 전통적인 문학 관념에 대한 도전이었다. 셋째, 유영은 세속 생활 속에서 미감을 잘 찾아냈으며 평범한 남녀의 마음속에서 진지한 감정 세계를 발굴하여 언제나 정통 문학 밖으로 배척되었던 소인물들에게 그들의 '전기'를 써 주었다. 이 또한 문학 제재와 심미 정취에서 일종의 개척이 아니겠는가?

결론적으로 유영의 사가 속된 것을 아름다움으로 삼은 것은 시대의 요구이자 사회 일부의 요구이며 그의 특이한 생활 경력과 창작 실천의 산물이라고 말할 수 있다. 그것은 송대의 문단에 시민 문학의 새로운 기운과 작풍을 가져왔으며 또한 후대 원곡(元曲)에 서막을 열어 주었으니 그 의의는 말살될 수 없을 것이다.

작가 연보*

980년   복건성(福建省) 숭안현(崇安縣) 오부리(五夫里)에서 유의(柳宜)의 셋째 아들로 태어났다.

1009년   무이산(武夷山)을 유람하고 「무산일단운(巫山一段雲)」 5수를 지었다.

1017년   과거 시험에 응시하기 위해 북송의 수도 변경(汴京 : 지금의 하남성(河南省) 개봉시(開封市))으로 갔다.

1018년   변경에서 나라의 흥성과 서울의 번화함을 찬미하는 「옥루춘(玉樓春)」 5수를 지었다.

1019년   과거 시험에 응시했지만 뜻을 이루지 못했다.

1024년   재차 과거 시험에 응시했지만 역시 뜻을 이루지 못했다.

1027년   세 번째로 과거 시험에 응시하고 나서 민간의 가기(歌妓)에게 과거 시험장의 광경을 묘사한 「장수악(長壽樂)」(尤紅殢翠)을 써 주었고, 또한 그가 아끼는 가기 충충(蟲蟲)을 위해 「정부악(征部樂)」(雅歡幽會)을 썼다. 시험 결과는 역시 실패였다.

---

* 유영은 대문호이면서도 전기 자료가 남아 있지 않아 언제 태어났는지 알 수 없다. 그의 전기를 연구한 학자들 간에 의견이 달라 이르게는 971년이라고 하고, 늦게는 990년이라고 해서 약 20년의 차이가 있다. 또한 그의 행적에 대해서도 구체적인 기록이 없어서 정확한 연보를 만들 수 없는 상황이다. 여기서는 편의상 그가 980년에 태어났다고 가정하고 추정에 의해 연보를 작성했음을 밝혀 둔다.

1028년	과거 시험에 거듭 떨어지자 「학충천(鶴衝天)」(黃金榜上)을 써서 자신의 심경을 밝혔는데, 이 때문에 황제의 노여움을 샀다.
1029년	변경에 머물러 풍류 생활을 즐기면서 「간화회(看花回)」(玉城金階)를 썼고, 조정의 연악(宴樂)을 위해 태평성대를 노래한 「송정의(送征衣)」(過韶陽), 「경배악(傾杯樂)」(禁漏花深), 「어가행(御街行)」(燔柴煙斷) 등을 썼다. 또 일반 시민과 가기들을 위하여 「주마청(駐馬聽)」(鳳枕鸞帷), 「법곡제이(法曲第二)」(靑翼傳情), 「낭도사령(浪淘沙令)」(有個人人), 「주야락(晝夜樂)」(秀香家住), 「유요경(柳腰輕)」(英英妙舞), 「봉함배(鳳銜杯)」(有美瑤卿), 「집현빈(集賢賓)」(小樓深巷) 등을 썼다.
1030년	변경을 떠나 강남을 떠돌면서 「인가행(引駕行)」(虹收殘雨), 「윤대자(輪臺子)」(一枕淸宵), 「양대로(陽臺路)」(楚天晚), 「망해조(望海潮)」(東南形勝), 「임강선(臨江仙)」(揚州曾是), 「목란화만(木蘭花慢)」(古繁華茂苑) 등의 작품을 썼다.
1032년	다음 해에 있을 과거 시험에 응시하기 위해 수도 변경으로 돌아와 「만조환(滿朝歡)」(花隔銅壺) 등의 작품을 써서 귀경의 감회를 노래했다.
1034년	진사과에 합격하여 그 기쁨을 「유초신(柳初新)」(東郊向曉)에 담았다. 이 해에 목주(睦州 : 지금의 절강성 일대) 단련사추관(團練使推官)에 임명되었다.

1035년   목주에서「만강홍(滿江紅)」(暮雨初收)을 써서 그곳의 가을 풍경과 지방의 말단 관리로 지내는 서글픔을 그렸다.

1038년   목주에서 임기를 마치고 창국현(昌國縣 : 지금의 절강성 정해현(定海縣)) 효봉염장(曉峰鹽場)의 염감(鹽監)으로 부임하였다. 그곳에서 염민(鹽民)들의 비참한 생활을 목도하고 시「자해가(煮海歌)」를 지었다.

1041년   염감의 임기를 마치고 화주(華州) 화음현(華陰縣 : 지금의 섬서성 화음현)의 현령으로 부임하였다. 이곳에 있는 동안「소년유(少年遊)」(長安古道),「소년유(少年遊)」(參差煙樹),「임강선인(臨江仙引)」(上國去客),「인가행(引駕行)」(紅塵紫陌) 등의 작품을 지었다.

1044년   노인성(老人星)의 출현을 계기로 인종(仁宗)에게「취봉래(醉蓬萊)」(漸亭皐葉下)를 지어 올렸지만 환심을 사는 데 실패했다. 당시 재상으로 있던 안수(晏殊)를 찾아가 경관(京官)으로 이직을 부탁했는데 저속한 사를 짓는다는 이유로 거절당했다.

1045년   10년간의 지방관 생활을 청산하고 임지를 수도 변경으로 바꿨다. 그러나 직위는 여전히 하급 관리에서 벗어나지 못했다.

1048년   관직이 올라 둔전원외랑(屯田員外郎)이 되었다. 종6품에 해당하는 낮은 관직이었지만 이것이 유영의

	벼슬 중 가장 높은 것이었다.
1053년	관직에서 물러나 남쪽 지방을 유랑하다가 윤주(潤州 : 지금의 강소성 진강시(鎭江市))에서 병들어 죽었다.

세계시인선 61
유영 시선

1판 1쇄 찍음 2007년 4월 30일
1판 1쇄 펴냄 2007년 5월 4일

지은이 유영
옮긴이 송용준
편집인 장은수
발행인 박근섭
펴낸곳 (주)민음사

출판등록 1966. 5. 19. 제16-490호
서울시 강남구 신사동 506 강남출판문화센터 5층 (135-887)
대표전화 515-2000 팩시밀리 515-2007

www.minumsa.com

ⓒ (주)민음사, 2007. Printed in Seoul, Korea.

값 6,000원

ISBN 978-89-374-1861-7 04820
ISBN 978-89-374-1800-6 (세트)